改革开放进程中的经济学家学术自传
张卓元　高培勇　主编

刘树成学术自传

刘树成◎著

ACADEMIC
AUTOBIOGRAPHY
OF LIU
SHUCHENG

SPM
南方出版传媒
广东经济出版社
·广州·

图书在版编目（CIP）数据

刘树成学术自传 / 刘树成著．—广州：广东经济出版社，2021.5
（改革开放进程中的经济学家学术自传）
ISBN 978-7-5454-7714-6

Ⅰ．①刘… Ⅱ．①刘… Ⅲ．①刘树成－自传 ②经济学－文集 Ⅳ．①K825.31 ②F0-53

中国版本图书馆CIP数据核字（2021）第050235号

出 版 人：李 鹏
策划编辑：周 晶
责任编辑：林跃藩
责任校对：李玉娴
责任技编：陆俊帆

刘树成学术自传
LIUSHUCHENG XUESHU ZIZHUAN
刘树成 著

出版发行	广东经济出版社（广州市环市东路水荫路11号11～12楼）
经 销	全国新华书店
印 刷	恒美印务（广州）有限公司 （广州市南沙经济技术开发区环市大道南路334号）
开 本	787毫米×1092毫米 1/16
印 张	14
字 数	158千字
版 次	2021年5月第1版
印 次	2021年5月第1次
书 号	ISBN 978-7-5454-7714-6
定 价	88.00元

广东经济出版社网址：http://www.gebook.com 微博：http://e.weibo.com/gebook
图书营销中心地址：广州市环市东路水荫路11号11楼
电话：（020）87393830 邮政编码：510075
如发现印装质量问题，影响阅读，请与本社联系
广东经济出版社常年法律顾问：胡志海律师

《改革开放进程中的经济学家学术自传》丛书

编辑委员会

《改革开放进程中的经济学家学术自传》丛书分册名录

（按姓氏音序排列）

1.《白重恩学术自传》
2.《蔡昉学术自传》
3.《常修泽学术自传》
4.《陈东琪学术自传》
5.《陈锡文学术自传》
6.《迟福林学术自传》
7.《樊纲学术自传》
8.《范恒山学术自传》
9.《房维中学术自传》
10.《高培勇学术自传》
11.《高尚全学术自传》
12.《郭克莎学术自传》
13.《洪银兴学术自传》
14.《黄达学术自传》
15.《黄群慧学术自传》
16.《贾康学术自传》
17.《江小涓学术自传》
18.《金碚学术自传》
19.《李实学术自传》
20.《李晓西学术自传》
21.《厉以宁学术自传》
22.《林兆木学术自传》
23.《刘诗白学术自传》
24.《刘世锦学术自传》
25.《刘树成学术自传》
26.《刘伟学术自传》
27.《马建堂学术自传》
28.《彭森学术自传》
29.《宋晓梧学术自传》
30.《田国强学术自传》
31.《王梦奎学术自传》
32.《王一鸣学术自传》
33.《魏杰学术自传》
34.《魏礼群学术自传》
35.《乌家培学术自传》
36.《吴敬琏学术自传》
37.《杨瑞龙学术自传》
38.《张军学术自传》
39.《张军扩学术自传》
40.《张晓山学术自传》
41.《张燕生学术自传》
42.《张宇燕学术自传》
43.《张卓元学术自传》
44.《赵人伟学术自传》
45.《郑新立学术自传》
46.《周叔莲学术自传》

总　序

Preface

盛世出华章。中国的改革开放是一场波澜壮阔、前无古人的伟大社会变革，也将是世界经济发展史上的瑰丽篇章。中国经济学家在这场伟大变革中，或贡献了智力，或参与了实践，无论是参政建言还是学术构建，均厥功甚伟。

在我们先后迎来改革开放40周年和中华人民共和国成立70周年之际，为了记录并彰显中国经济学家的历史贡献，为中国特色社会主义事业进一步发挥智慧的力量和作用，同时借以勉励后学筑梦前行，我们组织并编辑了这套《改革开放进程中的经济学家学术自传》丛书。

这套丛书的出版设想，最初由广东经济出版社提出。在此之前，得力于中国社会科学院经济研究所张卓元教授等的大力支持，该社曾于2009年编辑出版《影响新中国60年经济建设的100位经济学家》丛书。那套丛书产生了良好的社会反响，也获得了较高的学术评价。弹指一挥间，又是一个十年，共和国迎来了70华诞，改革开放也逾40周年。在这样一个特殊的背景下，广东经济出版社邀请张卓元教授和高培勇教授牵头，由《经济研究》编辑部具体负责，组织、编辑一套集中反映改革开放进程中的经济学家学术探索和心路历程的丛书。

认识到这是一件颇具眼光、很有意义的事情，于是，便有了读者眼前这套《改革开放进程中的经济学家学术自传》丛书编辑出版工作的启动。

中国经济改革与发展的伟大实践，为中国经济学家的成长提供了肥沃的土壤。要从这些灿若繁星的经济学家中推选出大家比较公认的富有影响力的经济学家，并不容易。怎样推选？推选多少？具体标准是什么？如何约稿？丛书的体例又该如何把握？这一系列相关问题接二连三地提至我们面前。

为此，在初步拟订编辑出版方案的基础上，由张卓元教授和高培勇教授主持，邀请部分专家召开了小范围的论证会议，就组建丛书编辑委员会以及丛书编辑出版的一系列相关问题听取意见，进一步完善方案。

紧跟着，2017年6月25日，丛书编辑委员会会议在北京举行。出席会议的委员共有19位（按姓氏音序排列）：白重恩、常修泽、陈东琪、陈锡文、迟福林、高培勇、郭克莎、黄群慧、金碚、李晓西、刘伟、彭森、宋晓梧、田国强、魏礼群、吴敬琏、张军扩、张燕生、张卓元。因故请假、提供书面意见的委员有10位（按姓氏音序排列）：蔡昉、曹远征、贾康、李实、李扬、厉以宁、林毅夫、刘世锦、钱颖一、张军。

这次编辑委员会会议就如下一些重要问题形成了高度共识：

第一，关于丛书的意义。委员们高度认可丛书的编辑出版工作，认为这是一项富有重要历史和现实意义的出版工程。

第二，关于丛书入选者的标准和数量。委员们认为应本着宁缺毋滥、质量为先原则，以对改革开放事业的某个特定领域做出实质性贡献或产生实质性影响的经济学家为重点，入选者宜掌握在60位左右。

第三，关于丛书的体例。基于凸显学术价值和史料价值的考虑，委员们认为学术自传宜涵盖作者的学术成长历程、作者对改革开放事业某个特定领域的研究成果和学术贡献、作者对特定领域改革前景的展望等方面内容。

第四，关于丛书的读者对象。委员们认为应主要面向青年学者以及学生，谈人生经验、述理想情怀，激励广大青年学者和学生确立奋斗的目标、发展的方向和成功的路径。

第五，关于丛书的文风。委员们主张学术自传应具有较强的理论性、学术性，同时文笔流畅、深入浅出，具有一定的可读性。

在经过充分讨论形成的候选经济学家名单基础上，与会委员按照获得半数以上多数票入选的规则，以无记名投票方式表决确定了65位入选者。

会议还决定，请因故请假的委员继续对候选经济学家名单通讯投票，并根据此项流程的统计结果，提请全体编辑委员会委员再进行一次通讯评审，最终确定丛书入选者为68位。

由此产生的《改革开放进程中的经济学家学术自传》丛书入选作者为（按姓氏音序排列）：白重恩、蔡昉、曹远征、常修泽、陈东琪、陈清泰、陈锡文、迟福林、樊纲、范恒山、房维中、高培勇、高尚全、郭克莎、郭树清、韩俊、洪银兴、华生、黄达、黄群慧、贾康、江小涓、金碚、李剑阁、李京文、李实、李晓西、李扬、厉以宁、林毅夫、林兆木、刘国光、刘鹤、刘诗白、刘世锦、刘树成、刘伟、隆国强、楼继伟、马建堂、彭森、钱颖一、宋晓梧、田国强、王梦奎、王一鸣、魏杰、魏礼群、乌家培、吴敬琏、吴晓灵、杨启先、杨瑞龙、易纲、余永定、张军、张军扩、张维迎、张晓山、张燕生、张宇燕、张卓元、赵人伟、郑新立、周其仁、周叔莲、周小川、朱玲。

在确定入选者名单之后，《经济研究》编辑部立即展开了组稿工作，共有46位入选者接受约稿。在这一过程中，入选的经济学家或其家属、秘书、好友等，对我们的工作给予了热情的支持，在百忙之中积极准备所需要的文献，其认真精神令人感动。应该说，没有他们的积极响应和大力支持，这套丛书是难以按时按质完成的。

由于入选的经济学家大多是名人、忙人，有一部分老作者也已年届九十高龄，约稿的工作量及其难度可想而知。一些作者提出暂不能写作，这多少令我们感到些许遗憾。其间也有许多感人的情景要告诉读者们：常修泽先生于2018年夏天在吉林延边的一个小镇闭门两三个月专事自传写作，在整个写作过程中数十次与编辑部和出版社沟通，包括内容完善、结构设计和一些合理性建议等诸多细节，并且在约定期限内交稿给编辑部；九十五岁高龄的黄达教授在写作过程中十余次通过电话或电子邮件与编辑部讨论写作重点和风格；乌家培、林兆木、王梦奎等老先生也是不厌其烦，反复就文字沟通润色；周叔莲先生在去世前一周还给编辑部打电话，告诉编辑自己已经基本完成了书稿的写作，并详细介绍了自己的写作过程和感想，我们至今忆此仍为之动容。在这些难得的沟通中，我们一次次被感动。

随着此套丛书的陆续编辑出版，我们越来越强烈地体会到了这项工作的意义和价值：

入选这套丛书的作者，系改革开放进程中的经济学家，他们的知名度较高，社会影响较大。这套自传体丛书，是对他们的代表性研究成果、学术贡献、成长历程及人格魅力的一个集中展示。对于广大读者特别是青年学子来说，这无疑是一个难得的学习、了解我国经济理论和现实问题的机会。

这些经济学家在各自的学术领域都是佼佼者或领军者，他们学术素养深厚、学术成就卓越。他们在自传中大多以第一人称娓娓道来，讲述了自己的家国情怀与学术成长经历，为记录我国改革开放历程留下了第一手资料。从经济史和思想史的角度看，这应该是非常有史料价值的研究文献。

众多大家的纸上风华，既映射出中国改革开放40多年取得的巨大成就，也是对中国改革与发展经验比较系统的总结。正如习近平总书记所指出的："从我国改革发展的实践中挖掘新材料、发现新问题、提出新观点、构建新理论，加强对改革开放和社会主义现代化建设实践经验的系统总结，加强对发展社会主义市场经济、民主政治、先进文化、和谐社会、生态文明以及党的执政能力建设等领域的分析研究，加强对党中央治国理政新理念新思想新战略的研究阐释，提炼出有学理性的新理论，概括出有规律性的新实践。这是构建中国特色哲学社会科学的着力点、着重点。"应该说，本套丛书的作者们用生动而精彩的人生与学术追求，践行了这一重要要求。

这套丛书的编辑出版与《经济研究》编辑部各位同仁的努力也是分不开的。他们通过电话、短信和邮件等方式不断地与作者或其家人、秘书等进行沟通。参加组稿和审稿工作的人员有:郑红亮、刘霞辉、张永山、唐寿宁、王利娜、谢谦、金成武、孙三百、陈小亮、欧宏、 王红梅、刘莹、曹帅。

广东经济出版社的领导和编辑在本丛书的出版过程中也做了大量的工作，正是有了他们的努力，这套丛书才能得以顺利与读者见面。

特别值得一提的是，这样一套组织工作浩繁的大型丛书，见证了《经济研究》编辑部与广东经济出版社值得称道的团队合作精神。编辑部的张永山、王红梅同志和广东经济出版社的编辑团队从始至终为丛书的组织沟通、约稿、文稿整理付出了大量的心血，他们的耐心和一丝不苟的敬业精神令人称道。

这套丛书就此付梓了，回望中国改革开放的辉煌岁月，携手丛书作者对祖国的拳拳心路与期待，我们略感欣慰！但由于时间仓促，加之我们的水平有限，书中的不足和错误之处在所难免，敬请广大读者批评指正。

《改革开放进程中的经济学家学术自传》丛书编辑委员会

2019年10月

作者简介

刘树成

男，1945年10月20日生于上海，祖籍河北省武强县。1956年9月至1962年8月，在天津市南开中学学习。1962年8月至1967年8月，在中国人民大学经济系政治经济学专业进行本科学习。1967年8月至1970年1月，先后在中国人民大学待分配和在中国人民解放军某部队石家庄农场锻炼。1970年1月至1975年7月，在山西省偏关县大石窪人民公社做农村基层干部。1975年7月至1978年8月，在山西省委政策研究室工作。1978年8月至1981年8月，在中国社会科学院研究生院经济系学习，获硕士学位。1981年8月至1982年5月，在中国社会科学院经济研究所工作，担任助理研究员。1982年5月至1998年10月，在中国社会科学院数量经济与技术经济研究所工作，历任助理研究员、副研究员、研究员、副所长，博士生导师，1989年5月至1990年3月在美国科罗拉多州博德尔经济学院、加利福尼亚州斯坦福大学做访问学者。1998年10月至2008年12月，任中国社会科学院经济研究所所长、《经济研究》期刊主编。2006年8月，被评为中国社会科学院学部委员、经济学部副主任。学术专长：宏观经济学、数量经济学、政治经济学。曾担任第十一届、第十二届全国政协委员，中央马克思主义理论研究和建设工程《马克思主义政治经济学》教材课题组首席专家。曾被评为国家级有突出贡献中青年专家，国务院政府特殊津贴专家。曾获国家科技进步二等奖（1996年），孙冶方经济科学奖论文奖（1996年、1998年、2006年），中国社会科学院优秀科研成果奖（1993年、1996年、2007年），中宣部精神文明建设“五个一工程”作品奖（1996年），俄罗斯康德拉季耶夫金奖（2007年）等。

刘树成学术自传

目录

壹

学术研究的历程

一 踏进经济学殿堂的开端

1962年春夏之交，我从天津南开中学毕业，考入了中国人民大学经济系政治经济学专业。这是我踏进经济学殿堂的开端。在这里，我系统地学习了资本论、政治经济学（资本主义部分）、社会主义政治经济学专题讲座、经济学说史、当代资产阶级经济学说批判以及高等数学等课程。

资本论是政治经济学专业最重要、最基本的课程。学习资本论，首先要学习马克思主义的立场、观点和方法。对于政治经济学专业的学生来说，还要学习资本论中深刻的政治经济学基本原理和严密的逻辑思维方法。当时，我们都很认真地学习资本论，重点章节反复精读，还写读书笔记。那时，学校之所以开设高等数学课程，是因为开设了当代资产阶级经济学说批判这门课。在当代西方经济学中，特别是经济计量学，含有大量的现代数学方法。要想弄懂当代西方经济学，就必须学会一定的数学方法、数学思维和数学语言。对于政治经济学的社会主义部分，当时国内还没有正式的教材，因此我们开设的是社会主义政治经济学专题讲座这门课，由不同的老师，按他们的研究专长，分专题讲授。我最难忘的一堂课，是吴树青老师讲解的“以农业为基础”。我记得很清楚，当时，一上课，吴树青老师就先提出一个问题：“哪位同学知道，‘农业是基础’和‘以农业为基础’这两个概念有什么区别？”同学们互相看了看，没人能回答这个问题。吴树青老师解释说：“‘农业是基础’，即农业是国民经济的基础，这是一个客观经济规律。马克思曾指出，‘超过劳动者个人需要的农业劳动生产率，是一切社会的基础’。而‘以农业为基础’，则是我们制定的经济政策。这个经济政策遵循了‘农业是基础’这一客观经济规律，所以它是正确的。如果一个经济政策违背了客观经济规律，它就是错误的。”吴树青老师把经济政策与经济规律的关系极其清晰地讲解出来。他的这一思路，对我的经济理论和经济政策学习起到了十分重要的启蒙作用。

在中国人民大学学习的时期，是我人生中一个重要的转折阶段。而这个转折阶段与我小学和中学的历程是分不开的。我于1945年10月20日出生在上海一个普通家庭，儿时随父母到天津。在天津上小学时，我最喜欢历史课，因为历史老师把课讲得十分精彩，十分生动感人。我记得很清楚，有一次讲宋朝岳飞抗金兵，老师在黑板上挂了一张大地图。老师边讲，边在地图上插满岳飞收复失地、进军节节胜利的小红旗。同学们都听得入了神。结果，没想到皇帝连下12道金牌，把岳飞召回朝廷，并杀害了他。地图上节节胜利的小红旗，最后一个个陨落了。全班同学都听得激愤地落了泪。秦朝的统一，唐朝的强盛，清朝的先兴后衰，跌宕起伏的中国历史深深地印在了我童年的记忆里。从那时起，我便对中国历史产生了极大的兴趣。1956年，我小学毕业，因成绩优秀，被保送上中学。由于喜爱历史，我便选择了历史悠久、具有光荣革命传统的中学——南开中学。南开中学是周恩来总理的母校。到高中二年级时，学校实行文理科分班。因为我的“数理化”课程的成绩都很好，所以我一直留在理科班学习。南开中学有着极好的学风，在这里，我不仅扎实地学到了“数理化”和语文等课程的基本知识，而且对哲学产生了浓厚的兴趣。在高中时，我利用寒暑假的时间，自学了《马克思主义哲学原理》和《唯物辩证法纲要》等哲学著作。1962年，我从南开中学毕业，出于对历史和哲学的喜爱，我报考了中国人民大学。在填报志愿时，我填了四个系——哲学系、马克思主义基本理论系、中共党史系和经济系。结果，我被经济系政治经济学专业录取。从此，我踏入了经济学殿堂。

1967年，我从中国人民大学毕业，正值“文化大革命”期间。1968年8月，我被分配到中国人民解放军某部队石家庄农场锻炼。1970年1月，我被分配到山西省偏关县大石窪人民公社做农村基层干部。山西省偏关县，古时名为“偏头关”，是历史上著名的杨家将镇守三关中最西边的一关。它地处山西、陕西和内蒙古三省（自治区）交界之处。1970年寒冬，当我冒着凛冽的西北风来到黄土高原上这个古老而贫瘠的县城时，给我的第一个“下马威”就是：从县城到大石窪人民公社完全没有公路可走，必须翻越15公里蜿蜒崎岖的山间小路。我当时极其简单的行李——一只装满了书的箱子，只能靠毛驴驮着运过去。在那七沟八梁的黄土高坡上，我每天与当地的村民同吃、同劳动。夜间，在土窑洞里，我总是点上一盏小煤油灯，津津有味地读着书，我一直坚信，我在大学里所学的经济学理论知识总有一天会派上用场。在黄土高原农村基层工作的5年里，我“喝”了不少“西北风”，也在窑洞的煤油灯下读了许多书。这5年，我实际上又上了一所大学——“实践大学”。在这所实践大学里，我不仅亲身体会到了耕种的艰辛，也品尝到了丰收的喜悦，更感悟到了人生的价值。1975年，我被调到山西省委政策研究室工作。1978年8月，我作为“文化大革命”结束后第一批研究生中的一员，带着大学期间的知识积淀，带着农村基层工作的社会实践，带着对党的政策研究的工作基础，进入中国社会科学院研究生院经济系学习，开始了新的人生征程。

二 从政治经济学到数量经济学与宏观经济学

改革开放的春风，带来了科学的春天。当我开始新的人生征程时，一门新的经济学分支学科——数量经济学，开始在我国兴起和发展。数量经济学是一门高难度的新兴交叉学科。它需要结合经济理论的定性分析与数学模型方法的定量分析，研究经济发展中各种变量之间的相互关系及其变化的规律。而过去在我国，传统经济学偏重于定性分析，忽视定量分析。我在研究生期间学习的专业是国民经济问题研究（后来称为宏观经济学），具体专业方向是数量经济学。由于我在大学有政治经济学基本知识储备，在实践工作中有国民经济运行的体验，加上中学和大学时数学基础打得比较好，因此数量经济学与宏观经济学的学习和研究历程比较顺利。

在研究生学习期间，我有三位导师。首先是刘国光，当时任中国社会科学院经济研究所国民经济问题研究室主任，后升任中国社会科学院经济研究所所长、中国社会科学院副院长。然后，乌家培担任我的导师，他接任中国社会科学院经济研究所国民经济问题研究室主任，后来任中国社会科学院数量经济与技术经济研究所所长、中国数量经济学会理事长。乌家培在美国做访问学者期间，张守一担任我的导师。张守一后来任中国社会科学院数量经济与技术经济研究所数量经济研究室主任、中国数量经济学会理事长。这三位导师在我研究生学习期间和随后的工作岁月里，都给了我巨大和无私的帮助，令我难以忘怀。

我的研究生毕业论文题目是《“商品—货币”平衡原理及其应用——对投入产出分析的改造和扩展》。这在当时国内来说，还是一个前沿性课题。这一研究主要解决的经济问题是，国民经济综合平衡中商品可供量与货币购买力的平衡问题，简称“商品—货币”平衡。这个问题一直是我国现实经济生活中一个难以解决的重大问题。这一问题涉及面广，要追溯到生产过程和产业结构，追溯到国民收入分配过程和分配结构，也就是说，要按照马克思主义再生产原理，将社会再生产的各个环节——生产、分配、交换、消费有机地连接起来，进行综合的、动态的考察。从方法上说，这一研究要通过对美国著名经济学家、诺贝尔经济学奖获得者华西里·列昂惕夫（Wassily Leontief.）所创立的投入产出分析法（包括投入产出原理、投入产出表、投入产出数学模型）进行改造，加以扩展利用。运用新编制的投入产出扩展模型，可以从一定的社会购买力出发，如居民消费购买力、固定资产投资购买力等，通过具有内在连接关系的数学模型计算，确定国民经济各个部门所应达到的产量和所应保持的产业结构，确定国民收入所应有的分配结构，以考察和分析商品可供量与货币购买力的平衡。该文被评为优秀论文，入选第一届《中国社会科学院研究生院硕士论文选》（中国社会科学出版社，1985年）。

1981年，我研究生毕业，留在中国社会科学院经济研究所工作。第二年，数量经济与技术经济研究所成立，我转入该新所工作。这时，我继续进行"商品—货币"平衡模型和投入产出扩展模型的研究。在研究生毕业论文的基础上，我写出三篇学术论文。第一篇是《"商品—货币"平衡表及其数学模型》（载《晋阳学刊》1981年第6期），第二篇是《投入产出扩展模型在社会再生产中的应用》（载经济研究丛刊：《社会主义再生产、所有制、商品价值问题》，山东人民出版社，1982年2月），第三篇是《投入产出模型及其意义》（载《经济研究参考资料》1983年11月第185期）。当时，因为我的这些学术论文中有很多的数学公式，并且有较多的平衡表表格，这给排印带来很大的困难，所以一般学术刊物都不愿刊登。而上述三个刊物能给我发表这些论文，实属不易。当时，我特别期盼数量经济学能有专业学术期刊。

令人意想不到的是，1983年7月，为筹办国内外公开发行的一级学术月刊《数量经济技术经济研究》，所里安排我担任编辑部主任。1984年1月，《数量经济技术经济研究》公开发行。我起草了发刊词，主编乌家培进行修改并批准刊发。我在发刊词中写道："1984年，是中华人民共和国成立

35周年。值此喜庆之年，《数量经济技术经济研究》杂志与国内外读者见面了。这标志着我国数量经济与技术经济研究工作正在蓬勃开展，数量经济学与技术经济学这两门新兴学科正在迅速成长。”我在发刊词的最后写道：“中国古代有两句诗，‘停车坐爱枫林晚，霜叶红于二月花’（杜牧《山行》）。与国外同类学科和国内其他较成熟学科相比，数量经济学与技术经济学在我国的发展较晚。但是，它们必将像两棵根深叶茂、艳红夺目的枫树，生机勃勃地成长于科学之林、学术之苑。”

三 中国经济周期波动研究的开拓

1984年下半年，为纪念《经济研究》杂志创刊30周年，我和乌家培合写了一篇题为《经济数量关系研究三十年》的文章（载《经济研究》1985年第6期），首次在我国公开的经济理论刊物上提出中国社会主义经济周期波动这一命题。接着，1985年下半年，针对我国30多年来经济发展的起伏波动，特别是针对当时我国固定资产投资已连续几年上升，并开始显露出下降趋势这一现象，我撰写了第一篇具体探讨中国经济周期波动问题的论文，题为《我国固定资产投资周期性初探》。我邀请了刘国光副院长审阅指导，得到了他的鼓励和支持。此文刊登于《经济研究》1986年第2期。随后，我又在《经济研究》《数量经济技术经济研究》杂志上连续发表了几篇探讨我国固定资产投资周期性和经济周期波动的论文，分别从周期内各个阶段的划分及其特点、中华人民共和国成立以来各次投资周期的历史、投资周期波动对经济周期波动的影响等方面，进一步展开了研究。这期间，我国一些学者也相继发表了许多这方面的研讨文章。于是，中国经济周期波动问题作为一个崭新的研究领域被开拓出来。

1988年4月，我撰写了第一部专著《中国经济的周期波动》，对我国经济周期波动“是什么”“为什么”“怎么办”的问题进行了较为系统的探讨。“是什么”，从实证角度说明中华人民共和国成立以来，国民经济在实际运行中所呈现出的周期波动及其一般特点；“为什么”，以马克思再生产理论为指导，主要从大规模投资与大工业生产的交互作用阐明经济周期波动的内在机制，并说明计划决策、政治形势、经济管理体制等因素的影响；“怎么办”，则是提出针对经济周期波动的治本、治标和利用三种对策。所谓治本对策，是指努力推动社会生产力的发展和搞好经济体制改革，使经济周期波动从总体上逐步趋于收敛。所谓治标对策，是指采取控制投资规模等措施，防止各周期的大起大落。所谓利用对策，是指利用经济波动在上升与回落的各个不同阶段具有不同的经济特征和经济环境条件，推动经济体制改革不同措施的出台，推动科技创新与产业结构的调整。该专著由中国经济出版社于1989年11月出版，并获中国社会科学院第一届优秀科研成果奖（1993年）。

1988年4月，我代表中国社会科学院数量经济与技术经济研究所，与国家科学技术委员会中国科学技术促进发展研究中心、中国数量经济学会、北京社会经济科学研究所等单位合作，在北京组织和召开了第一次全国性的“中国经济周期波动研讨会”。同年8月，我所与上述单位以及国家信息中心经济预测部、吉林大学系统工程与管理科学研究所等单位合作，在长春召开了第二次“中国经济周期波动研讨会”。这两次全国性的研讨会，有力地推动了中国经济周期波动这一崭新研究领域的开拓和扩展进程。1990年，汇集了这两次全国研讨会主要成果的文集性专著《经济周期与预警系统》（毕大川和我担任主编）在科学出版社出版。在编纂过程中，我将各论文按内容逻辑，以章节形式，系统地汇编成四篇25章。这四篇分别是：第一篇，我国经济周期波动的理论分析；第二篇，我国经济周期波动的数量分析与模型；第三篇，我国宏观经济监测预警系统；第四篇，对国外经济周期波动的研究与评价。该书集中地反映了我国学者在中国经济周期波动研究上的广度与深度。

四　中国经济周期波动研究走向实用化

中国经济周期波动这一崭新的研究领域被开拓出来之后，我想应该努力推动这一理论研究走向实用化，使这一理论的开拓更有价值。推动这种理论实用化最主要的工作就是定期地进行经济形势分析与预测，并将相关成果以经济蓝皮书的形式编撰出版。

在我国已广泛流行、在国内外产生较大影响的大型系列“皮书”之中，经济蓝皮书是最早问世的一本。第一本经济蓝皮书出版于1990年11月，书名为《1991年中国：经济形势分析与预测》，主编为刘国光，副主编为李京文和我。李京文当时任中国社会科学院数量经济与技术经济研究所所长，我当时任副所长，是经济蓝皮书初创时期的具体执行负责人。回顾经济蓝皮书的创意和问世，还要从我到美国进修说起。

1989年5月至1990年3月，中国社会科学院选派我到美国进修。我先后在科罗拉多州博德尔经济学院和加利福尼亚州斯坦福大学进修。我在博德尔经济学院进修时，学校曾开设一门课程——“当代美国经济”，教材是1989年《美国总统经济报告》。主讲教授为费斯通（L. J. Feinstone.），她是《美国总统经济报告》的起草人之一。在斯坦福大学进修时，我旁听了研究生的“宏观经济学”课程。参阅教材为美国著名经济学家奥利维尔·布兰查德（Olivier Blanchard.）和斯坦利·费希尔（Stanley Fischer.）（现为以色列国籍）合著的《宏观经济学·高级教程》。主讲教授为约瑟夫·斯蒂格利茨（Joseph Stiglitz.），他于1995年出任美国总统经济顾问委员会主席，于2001年获诺贝尔经济学奖。通过这两门课程的学习，我对市场经济条件下的经济波动和政府的宏观调控有了实质性的认识，也深刻地体会到：要把对经济周期波动的理论研究与实际的经济预测工作结合起来、与政府的宏观调控决策结合起来，这样，理论研究才有更重大的意义。那次到美国进修还有一个重大收获，就是带回了教材《宏观经济学·高级教程》，并由我组织所内的骨干研究人员沈利生、钟学义、姚愉芳、郑玉歆、张一凡等合作将其译成中文出版（经济科学出版社1992年出版，获1996年中国社会科学院第二届优秀科研成果奖），这本中文教材为推动国内宏观经济学研究进一步与国际接轨创造了条件。

回国之后，1990年8月，我执笔起草了一份《关于开展宏观经济预测的报告》，上报给刘国光副院长。报告中这样写道："近十年来，数量经济学的研究在我国得到了迅速发展。许多单位（包括我院数量经济与技术经济研究所）都研制了中国宏观经济模型，这为开展实际预测工作打下了一定的基础。近年来，我国经济学界所开展的对经济增长及其影响因素的研究，对经济波动及其内在机制的研究，对国民经济监测预警系统的研究等，均为开展实际预测工作打下了一定的理论与方法论基础。"该报告提出，每年定期召开春季和秋季两次预测会议。刘国光副院长很快批准了这份报告。他在批语中写道："此事提了多时，可予促成。送科研局研究，商技经所如何落实。"于是，中国社会科学院经济学科片成立了"经济形势分析与预测"课题组。刘国光任项目总负责人，李京文和我为执行负责人。课题组于1990年11月20日召开了第一次"经济形势分析与预测"秋季座谈会。参加座谈会的专家来自国务院研究室、国务院发展研究中心、中国人民银行、中国财政部、中国原商业部、国家信息中心、国家统计局等政府各有关经济部门，来自清华大学、北京大学、中国人民大学、原北京经济学院、吉林大学、航空航天部710所等高等院校和科研机构，来自中国社会科学院经济学科片各研究所。座谈会结束之后，我们将各单位专家对当年度经济形势分析和对下一年度经济走势预测的报告整理出来，出版了第一本经济蓝皮书。为慎重起见，这本经济蓝皮书由数量经济技术经济研究杂志社出版，在内部试发行。

这项工作成功启动后，1991年5月，我给中国社会科学院领导和国务院领导上报了一份正式开展“经济形势分析与预测”工作的申请报告。该报告很快得到院长胡绳和各位副院长的批准，国务院从专门的总理预备费中拨款支持这项工作。在这份报告里，我写道：“该项研究工作可直接为宏观经济决策服务，对于超前把握整个国民经济的运行态势，及时变换与正确掌握宏观调控的方向和力度，提出对策方案并模拟其结果，以防止经济发展大起大落，保证国民经济持续稳定、协调地发展，具有重要的意义。”由此，从1991年11月出版的第二本经济蓝皮书开始，它就作为正式出版物被推向国内外。

经济蓝皮书的问世产生了很大的社会影响。第一本和第二本经济蓝皮书，获得中国社会科学院1993年第一届优秀科研成果奖。1993年1月1日，国家新闻出版总署主办的《新闻出版报》评出1992年出版界十件大事，经济蓝皮书的出版被列为第一件大事。1996年，“中国经济形势分析与预测”项目获国家科技进步二等奖（当年，国家科技进步一等奖空缺）。许多国际机构也纷纷前来联系购书。从1991年11月的第二本经济蓝皮书至1995年12月的第六本经济蓝皮书，都是由中国社会科学出版社出版的。从1996年11月至2019年12月，经济蓝皮书由社会科学文献出版社出版。

五　锁定中国经济波动与宏观调控研究领域

中国经济周期波动问题的研究，为实际开展经济形势分析与预测工作打下了一定的理论基础。而经济形势分析与预测工作的开展，又为中国经济周期波动问题的深入研究提供了丰富的实践基础。基于1990年至1996年实际组织和参加经济形势分析与预测工作的实践基础，我于1996年出版了第二部专著《中国经济周期波动的新阶段》（上海远东出版社出版）。该专著深入分析了我国经济周期波动“是什么”“为什么”“怎么办”的问题。“是什么”，对改革开放前后我国经济周期波动进行了对比分析，特别是突出了改革开放以来所发生的新变化。“为什么”，加强了对经济周期波动成因的基础理论研究，一方面从更广阔的视角，对形成和影响经济周期波动的原因进行了全面、系统的探讨；另一方面对200多年来西方经济周期理论中的30个流派进行了全面、系统的梳理和研究。“怎么办”，提出了宏观经济方面和微观经济方面相关的对策建议。

我从1984年起开始研究中国经济周期波动问题，到2018年，已经35个年头了。除了以上两部专著之外，在这一研究领域，我还发表了一系列较有影响力的论文，其中一些有代表性的论文被收录在我的四部文集性专著中。第一部名为《繁荣与稳定——中国经济波动研究》，第二部名为《经济周期与宏观调控——繁荣与稳定Ⅱ》，第三部名为《中国经济增长与波动60年——繁荣与稳定Ⅲ》，第四部名为《中华民族复兴的经济轨迹——繁荣与稳定Ⅳ》。这四部文集性专著可简称"《繁荣与稳定》四部曲"，由社会科学文献出版社分别于2000年、2005年、2009年和2014年出版。

《繁荣与稳定——中国经济波动研究》，是在1999年庆祝中华人民共和国成立50周年时，在社会科学文献出版社盛情邀请之下编辑整理和出版的。该专集收录了我从1985年至1999年6月所发表的代表性论文35篇。该专集所选文章按篇分类，每类以发表时间为序，内容上前后连贯、互相衔接。分为五篇，分别是：（一）理论研究：周期成因分析与波动特点变换；（二）对策研究：经济走势预测与宏观调控取向；（三）价格研究：物价变动趋势与经济周期波动；（四）地区研究：工业波动态势与地区不平衡格局；（五）国外研究：周期模型评介与经济波动考察。

《经济周期与宏观调控——繁荣与稳定Ⅱ》，收录了我从1999年7月至2005年5月共6年间所发表的代表性论文20篇。值得提及的是，在这期间，2003年11月召开的中央经济工作会议提出："当前，我国经济发展正处于经济周期的上升阶段。"这是中央经济工作会议首次使用"经济周期"概念对我国经济走势进行分析和判断。这对进入21世纪后，推动我国社会主义市场经济体制下经济波动与宏观调控问题的新探索，起了非常重要的作用。

《中国经济增长与波动60年——繁荣与稳定Ⅲ》，是我为庆祝中华人民共和国成立60周年而整理和出版的。该专集收录了我从2005年6月至2009年2月共3年多的时间里所发表的代表性论文15篇。其中，我与张晓晶、张平合作撰写的

《未来中国经济周期波动分析》一文，经删减，曾以《实现经济周期波动在适度高位的平滑化》为题，载《经济研究》2005年第11期，该论文获第12届（2006年度）孙冶方经济科学奖。

《中华民族复兴的经济轨迹——繁荣与稳定Ⅳ》，收录了我从2009年3月至2013年10月间所发表的代表性论文18篇，以章节结构进行汇编，分为上下两篇。上篇题为“复兴路上的艰辛探索：经济增长与波动曲线研究”，主要探讨中华人民共和国成立60多年来，特别是近几年来在应对国际金融危机中，中国经济增长与波动的曲线，说明中华民族伟大复兴征程中的艰辛探索和取得的成就与经验。下篇题为“伟大复兴的新征程：经济增长速度换挡期研究”，主要探讨党的十八大后，中国经济的未来发展趋势和深化改革问题，说明如何为实现中华民族伟大复兴的目标，创造良好的宏观经济环境和奠定完善的体制基础。

四部“繁荣与稳定”共收录我的论文88篇。其最大特点是，锁定中国经济波动和宏观调控这一领域，立足基础理论和应用理论研究，紧密跟踪现实经济运行中的新情况和新问题，为党中央和国务院的宏观经济决策服务，为推动中国特色经济学的学科建设服务。这些论文不仅具有很强的时代性、创新性和政策性，而且具有很强的系列性，前后逻辑一贯，内容相互呼应，组成了关于中国经济波动与宏观调控问题的研究系列。

中国社会科学院的一项任务是，发挥党中央、国务院重要的思想库和智囊团的作用。我曾多次参加党中央、国务院、全国政协以及有关政府部门召开的经济形势分析会，还曾作为中共中央政治局集体学习和全国政协常委会集体学习的主讲人（分别见《人民日报》2008年1月31日第1版报道和《人民日报》2009年3月1日第1版报道）发表讲话。从1999年至2011年间，我曾多次参加中央经济工作会议和《政府工作报告》起草组工作。我想，应该把自己的研究与参加现实的经济形势分析工作和参加中央文件起草工作有机地结合起来。中国特色社会主义伟大实践为我们的经济理论研究提供了丰厚的现实土壤，我们的经济理论研究应该密切地为中国特色社会主义伟大事业服务，为中央宏观经济决策的大局服务。因此，我的一些论文，既有一定的理论性，又有一定的政策性。

需要提及的是，在2003年11月中央经济工作会议首次使用“经济周期”概念对我国经济走势进行分析和判断之后，2004年在国家社会科学基金的大力支持下，我承担并主持了该基金的重大项目“社会主义市场经济中经济周期基本理论和实践研究”。这是国家社会科学基金首次设立的重大项目。为完成这一重大项目，我于2005年在北京组织和召开了全国“经济周期研讨会”。与会专家撰写和提交了高水平、高质量、有创见的研究成果。我将研讨会上的主要论文汇编成文集性专著《中国经济周期研究报告》，分为五篇25章，2006年由社会科学文献出版社出版，作为该重大项目的最终研究成果之一。这五篇分别是：第一篇，中国经济周期一般理论研究；第二篇，中国经济周期模型与计量研究；第三篇，经济周期与财政政策、货币政策、房地产研究；第四篇，经济周期理论评介与研究；第五篇，国际与世界经济周期研究。该专著的最大特点是，着力探讨国内外经济周期与宏观调控中的前沿理论和实际问题，特别突出了对中国社会主义市场经济体制条件下经济周期与宏观调控问题的最新研究与探索。

六 依托集体智慧推进学科发展

我从1985年8月至1998年10月，担任中国社会科学院数量经济与技术经济研究所副所长；从1998年10月至2008年12月，担任中国社会科学院经济研究所所长。这两段时间内，我承担过多个重点科研项目。其中，国家级项目方面：1990年至1998年，担任国务院特批国家重点研究项目“中国经济形势分析与预测”执行负责人；1992年至1995年，担任国家社科基金“八五”重点项目“中国经济稳定增长的机制分析与定量研究”负责人；1996年至1999年，担任国家社科基金“九五”重点项目“宏观调控与经济波动的中外比较研究”负责人；2004年至2006年，担任国家社科基金2004年度重大项目“社会主义市场经济中经济周期基本理论和实践研究”负责人；2004年至2011年，担任中央马克思主义理论研究和建设工程《马克思主义政治经济学概论》教材编写课题组首席专家，主持教材编写。

中国社会科学院的重点项目方面：1992年至1995年，担任院重点课题“90年代中国经济的稳定增长与定量分析”负责人；2000年至2003年，担任院A类重大课题“国内外宏观经济理论与政策的前沿跟踪和比较研究”负责人；2004年至2005年，担任院A类重大课题“战略机遇期的经济发展”总课题中的分课题“中国宏观经济周期波动研究”负责人；2007年至2008年，担任院重大课题“中国经济改革开放30年历史经验问题研究”总课题中的分课题“经济体制改革30年研究”负责人；2008年至2010年，担任院重大课题“中国经济重大问题跟踪分析”总课题中的分课题“宏观经济调控”“经济体制改革”负责人。

此外，我承担过的中国社会科学院创新工程学部委员资助项目有：2013年至2014年，“中国宏观经济波动跟踪研究与机理分析”；2015年至2016年，“中国经济走势跟踪分析与宏观调控法制化研究”；2017年至2018年，“《美国总统经济报告》法制化研究”等。

值得怀念的是，自1998年10月我担任中国社会科学院经济研究所所长之后，花费时日较长和付出心血较多的，有两项重要的科研组织工作及相应的集体性成果问世。一项是持续了6年时间完成了《现代经济辞典》的主编工作，另一项是持续了7年时间主持并完成了中央马克思主义理论研究和建设工程《马克思主义政治经济学概论》教材的编写。

《现代经济辞典》是组织经济研究所全所力量，与江苏人民出版社合作，以一丝不苟的精神，精心打造的一部重头作品，是国家“十五”规划重点图书。该辞典的编撰工作从1998年12月启动，经策划、创意、撰写、审改、校核，直到2004年12月印制完成，共历时6年整，词条总量达6212个，总字数为242万。这部辞典整理和收录了大量的新语词，充分收录了反映我国改革开放以来，建立社会主义市场经济体制、建设中国特色社会主义方面的新语词；由世界科学技术和经济全球化的迅速发展所带来的新语词；国际经济学界最新前沿研究方面的新语词等。同时，根据时代的发展，对以往使用的一些老语词的内涵进行了新扩充、新归纳和新界定。这部辞典的问世，使我们在21世纪有了一部为社会各界广大读者服务的新的综合性经济辞典，对推进我国经济学的繁荣、创新和发展，广泛传播新知识，规范新概念，具有重要作用。这部辞典渗透着全体编写和编辑人员的智慧与汗水。为了使整部辞典的撰写风格统一，我对6212个词条逐一进行了修改和润色。中国社会科学院两任院长——李铁映和陈奎元都对该辞典的编撰工作给予了大力支持，并亲自作序。

李铁映在序中写道："中国的改革开放，建设中国特色社会主义，是一项前无古人的伟大事业。20多年来，在实践和理论的双重探索中，我国的经济学也获得了显著的发展。一批新概念、新术语应运而生，而原有的一些概念和术语也扩展了其内涵。同时，世界范围内的新技术革命和经济全球化趋势迅猛发展，有大量的新知识、新词汇需要我们掌握。一本辞典，作为一种知识工具，它应该是一个时代的相关领域的实践总结和理论结晶。因此，摆在我们面前的这本《现代经济辞典》，其最重要的一个特色就是鲜明的时代性。……流水不断，学问无涯。随着实践和理论的发展，我希望这本辞典能不断充实、提高和完善，以发挥更大的作用。"

陈奎元在序中写道："仲夏挥汗，隆冬迎雪。历时几个春秋的研磨，《现代经济辞典》问世了。……随着我国改革开放事业的蓬勃发展和现代化建设的向前推进，随着现代科学技术的日新月异和世界经济的迅速发展，许多新事物、新知识、新理论、新概念进入我们的日常工作和生活之中，与此同时，我国的经济学也在与时俱进地繁荣和发展。这些，迫切要求有一部新的综合性、大众化的经济辞典为广大读者服务。《现代经济辞典》正是适应了这一需求。这部辞典除了鲜明的时代性之外，还具有通俗性。其词条释文深入浅出，清晰易懂，力求化艰深为浅显，以便更多的读者阅读和使用。"他还写道："我们相信，在21世纪，在我国全面建设小康社会的伟大历史征程中，在完善社会主义市场经济体制的努力奋斗中，我们的经济生活会更加丰富多彩，我国经济学的创新与发展会获得新的强大动力。这将对这部辞典提出新的更高要求。'文章千古事，得失寸心知'，愿这部辞典的出版能对广大读者有所裨益，并愿其不断改进和提高。"

《现代经济辞典》的问世引起了很大的社会反响。2005年1月8日，《现代经济辞典》首发仪式在人民大会堂隆重举行。《人民日报》《中国新闻出版报》《光明日报》、新华网、人民网、央视国际网、新浪网等媒体发表了上百篇报道和评价文章。2007年，《现代经济辞典》获中国社会科学院第六届优秀科研成果奖一等奖。

《马克思主义政治经济学概论》是中央实施马克思主义理论研究和建设工程组织编写的第一批重点教材之一。2004年4月，中央决定实施马克思主义理论研究和建设工程。该工程是党中央做出的一项重大战略决策，是用马克思主义中国化的最新成果武装全党和教育人民的一项重大理论建设任务，是不断推进中国特色社会主义伟大事业的客观必然要求。按照中央的安排，组建了第一批9个重点教材编写课题组，其中，《马克思主义政治经济学概论》教材编写课题组以中国社会科学院为主管单位，以我院经济研究所为依托单位，由我负责组织编写工作。

该课题组首席专家和主要成员由相关高等院校、党政领导部门、科研机构的“老、中、青”专家组成。从2004年至2010年的6年时间里，在工程办公室和中国社会科学院的领导和协调下，课题组以高度责任感和使命感，团结合作、艰辛努力、精心研究。课题组先后在全国10多所高等院校召开了座谈会和专题研讨会，广泛听取了教学第一线教师和学生的意见。教材提纲在东、中、西部10个省（自治区、直辖市）广泛征求理论与实际工作者的意见。课题组对教材提纲和书稿在广泛征求意见的基础上进行了20多次重要修改，并最后集中组织力量进行严格认真的统稿。该教材由人民出版社于2011年5月出版。该教材编写所遵循的重要原则是，坚持以马克思主义为指导，确保理论研究和教材建设的正确方向；立足我国改革发展的生动实践，努力运用中国话语的政治经济学理论深入总结中国经验、阐释中国实践。该教材在内容上的主要创新有以下四点：

第一，框架结构上的创新。我国以往的政治经济学教材在总体框架结构上大多为“两分法”，即分为资本主义经济和社会主义经济两大部分。本教材在框架结构上采用了“四分法”，即分为四大部分：一是商品和货币，即市场经济一般理论；二是资本主义经济；三是社会主义经济；四是经济全球化和对外开放，即国际经济关系。

第二，在资本主义经济部分，对当代资本主义经济的新变化作出辩证的深入分析，增强对资本主义经济本质的认识和把握。

第三，在社会主义经济部分，系统地阐述了中国特色社会主义经济理论的基本内容。涵盖了中国特色社会主义经济的生产、分配、交换、消费等主要环节，以及社会经济制度、经济体制、所有制结构、经济发展、经济运行和政府职能等主要方面，形成了一个比较完整的逻辑体系，把中国共产党在成功开辟中国特色社会主义道路上所形成的一整套经济方面的理论、路线、方针、政策和最新经验纳入了教材体系。

第四，把国际经济关系分析纳入马克思主义政治经济学的研究视野。分析了经济全球化和我国对外开放中所涉及的政治经济学基本理论和实践问题。

该教材的出版，表明中国特色政治经济学的理论研究和教材建设迈出了新的基础性的一步。

贰

主要学术研究成果与贡献

一　中国经济周期波动命题的提出及其社会影响

（一）中国经济周期波动命题的提出

我从1984年下半年开始研究中国经济周期波动问题。我是怎样提出这一崭新课题的呢？这要从1982年至1983年我参加“山西综合经济模型”的研制工作说起。这项工作由时任中国社会科学院数量经济与技术经济研究所数量经济研究室主任张守一负责主持。我们在使用经济数学模型对山西省经济发展的历史和未来进行逐年模拟与预测计算时，一开始是把固定资产投资作为外生变量，每年按一个固定的百分比，线性增长。在模型计算中，这样处理带来了一些与实际经济运行不相符的问题，因为现实的经济运行是高低起伏波动的。于是，我们把固定资产投资作为一个上下起伏波动的外生变量来处理。这样，整个模型的计算效果就比较接近实际了。当时，对于固定资产投资为什么会起伏波动，其中的机制和原理是什么，我们都还没有来得及去细想。这是首次在实际经济数学模型的研究与应用工作中出现“波动”的概念。

1984年下半年，在纪念《经济研究》杂志创刊30周年时，我和乌家培合写了一篇文章，题为《经济数量关系研究三十年》（载《经济研究》1985年第6期）。该文在回顾我国经济数量关系研究的历史之后，列出了今后需要研究的若干新课题，第一次在我国公开的经济理论刊物上提出了中国经济周期波动这个命题。该文写道：“社会主义经济增长有没有周期波动，影响经济发展速度加快、减缓以至下降的诸种因素之间此长彼消的具体数量制约关系怎样，新中国成立35年来我国经济发展的起落在多大程度上受到决策正确或失误的影响，这种起落除决策是否正确的影响外还有哪些其他客观因素在起作用，其数量关系如何，在我们向2000年宏伟目标进军中怎样自觉地把握和利用社会主义经济增长规律等，这些对于我们来说，很多还都属于尚未问津的新问题。”1985年下半年至1987年，我连续写出4篇具体探讨我国经济周期波动问题的论文：《我国固定资产投资周期性初探》（载《经济研究》1986年第2期），《对我国固定资产投资周期性的再探讨——周期内各阶段的分析》（载《经济研究》1986年第6期），《对我国固定资产投资周期性的探讨之三——各周期的历史分析》（载《数量经济技术经济研究》1986年第9期），《投资周期波动对经济周期波动的影响——对我国固定资产投资周期性探讨之四》（载《数量经济技术经济研究》1987年第10期）。

（二）我国固定资产投资的周期性及其特点

固定资产投资的周期波动，是影响整个经济周期波动的一个直接的物质性力量。中华人民共和国成立以来，我国固定资产投资规模一再出现失控局面，对国民经济稳定、协调发展带来严重危害。研究经济周期波动问题，从研究固定资产投资周期波动入手，比较直接和明显，便于分析和把握。这首先要从实证角度，即从统计数据上说明我国固定资产投资是否存在周期性。在《我国固定资产投资周期性初探》一文中，我将1953年至1984年我国固定资产投资总额（全民所有制范围）增长速度的变动情况在坐标图上用一条曲线表示出来，显示出7个周期波动，据此提出我国固定资产投资存在着一定的周期性。这种周期性具有以下三个特点：

第一，每个周期的持续时间一般为4～5年。

从每年固定资产投资总额开始比上一年增加，即投资增长速度开始为正的年份算起，到固定资产投资总额比上一年减少，即投资增长速度为负的年份结束为止，作为一个周期。32年中，我国固定资产投资共经历了7个周期。

第1个周期：1953—1957年，持续5年；

第2个周期：1958—1962年，持续5年；

第3个周期：1963—1968年，持续6年；

第4个周期：1969—1972年，持续4年；

第5个周期：1973—1976年，持续4年；

第6个周期：1977—1981年，持续5年；

第7个周期：1982—1984年，已持续3年，尚未完成。

从已经完成的几个周期看，除第3个周期持续6年外，其余均为4～5年。

第二，每个周期内固定资产投资增长速度的升降振幅渐趋缓和。

我把每个周期内固定资产投资增长速度的最高峰与最低谷之间的落差作为振幅。每个周期的振幅为：

第1个周期：116.23［110.26-（−5.97）］；

第2个周期：147.07［84.53-（−62.54）］；

第3个周期：68.53［42.20-（−26.33）］；

第4个周期：63.99［62.91-（-1.08）］；

第5个周期：21.50［17.65-（-3.85）］；

第6个周期：32.47［21.96-（-10.51）］。

投资的大起大落，对整个国民经济的影响很大。我国固定资产投资增长速度的升降振幅逐渐变小，表明我国已经从过去的大起大落中取得了一定的教训，情况正在逐步好转。

第三，固定资产投资增长为负的低谷年份在每个五年计划中所处的位置逐步前移。

固定资产投资增长速度为负的低谷年份，在每个五年计划中所处的位置是：

"一五"时期，处于第五年（1957年）；

"二五"时期，处于第四、第五年（1961年、1962年）；

"三五"时期，处于第二、第三年（1967年、1968年）；

"四五"时期，处于第二年（1972年）；

"五五"时期，处于第一年（1976年）；

"六五"时期，处于第一年（1981年）。

这表明，在第一、第二个五年计划时期，开头几年即可进行大规模的投资，低谷年份处于期末；而到了第五、第六个五年计划时期，一开头就遇到了低谷年份，五年计划的开端处于压缩和调整的被动局面。

（三）研究固定资产投资周期波动的重要意义

我在《我国固定资产投资周期性初探》一文中提出，认识和掌握我国固定资产投资的规律性，有效地控制固定资产投资规模，对于保持国民经济的健康发展，保证改革的顺利进行，确保改革与建设互相适应、互相促进，具有十分重要的意义。只要我们不断地认识和掌握这种周期性的规律，就能在周期波动面前减少盲目性，增强自觉性，主动去驾驭它，并利用它来为我们服务。具体来说就是：

其一，当投资将比上一年增加的年份，即投资增长速度为正号的回升年份开始的时候，不要使投资一下子上升得过猛而失去后劲。

其二，当投资增长速度为正号年份持续的时候，每年都应适当地留有余地，不要使投资增长的高峰过于陡峭，以减小振幅，使正号年份持续时间延长，以扩展周期。

其三，当投资将比上一年减少的年份，即投资增长速度为负号的低谷年份就要到来的时候，应及时地收缩，主动地使投资波动减缓。

其四，当投资增长速度处于低谷年份的时候，要有效地进行控制和调整，不要使投资一下子降得过猛，既要避免低谷过度下垂，又要使调整期尽量缩短。

其五，推进经济体制改革和各项改革，提高经济计划、管理、预测、决策的科学水平，充分发挥各种手段和各种经济杠杆的作用，实现有效的宏观调节和控制。在《对我国固定资产投资周期性的再探讨——周期内各阶段的分析》一文中，我特别提到，投资周期性的客观存在为经济体制改革中各项措施的出台提供了不同的环境条件。我们应审时度势，顺势而行。比如，在投资的回升阶段和高峰阶段，经济发展的形势较好，各方面的承受力较大，因此，应利用这种时机使那些需较大财力、物力支持的重大改革措施出台；而到持续增长阶段和低谷阶段，则去巩固、消化、补充、改善。其他一些不需较大财力、物力支持的改革措施，可以在投资的持续增长阶段和低谷阶段进行，而在回升阶段和高峰阶段去展开发挥它们的作用，这样有利于各项改革的顺利进行，能减小阻力和加大成效。

（四）从投资周期波动到经济周期波动

在《投资周期波动对经济周期波动的影响——对我国固定资产投资周期性探讨之四》一文中，我将固定资产投资增长率的波动曲线与国民收入增长率的波动曲线放在一个坐标图上考察，结果发现，从1953年至1986年，我国固定资产投资增长率与国民收入增长率均存在以4～5年为主的7个周期。从曲线图上看到，二者的波动在时间上和方向上大体同步；在幅度上，则前者大于后者。固定资产投资的周期波动是影响经济周期波动的一种直接的主导因素。这种影响可以分为当年投资对当年经济波动的影响和前期投资对当年经济波动的影响。

当年投资对当年经济波动的影响，主要是需求导向性的，但也含供给导向性。从需求导向来说，当年投资所产生的直接需求与间接需求，其增减会影响经济的涨落。从供给导向来说，当年投资总额包括三个部分：第一部分用于当年开工、当年投产的小型项目；第二部分用于以前开工，而在当年完成和投产的项目；第三部分用于新开和未完成工程。前两部分投资在当年会形成新增固定资产，其增减会影响经济的涨落。在该文中，我利用1953—1986年的统计数据，测算出国民收入与固定资产投资总额（全民所有制范围）在年度增长率波动方面的相关程度为83%，在年度绝对量波动方面的相关程度为98%。

前期投资对当年经济波动的影响为供给导向性。前期投资由于时间滞后，在当年形成新增固定资产，对当年经济波动产生影响。具体来看，前期投资通过三个方面影响当年经济的波动：一是通过前期的投资额；二是通过前期投资完工的交付使用率；三是通过前期投资所形成的新增固定资产的产出效果系数。

（五）中国经济周期波动研究的社会影响

我国经济学界曾在20世纪50年代末至60年代初，探讨过社会主义经济的波浪式发展、螺旋式上升的问题。当时，有些文章具体分析了形成我国经济波浪式发展的各种客观经济因素，但不少文章是从哲学角度来说明事物发展的一般的波浪式运动规律，而没有进一步探讨经济的周期波动及其内在机制问题。同时，在过去，经济学界的传统认识是，经济的周期波动是资本主义社会所特有的经济现象。只有在资本主义制度下，经济的发展才有“春夏秋冬”般的周期波动。而社会主义经济是建立在生产资料公有制基础上的计划经济，不存在经济的周期波动。社会主义经济应该永远像“春天”般恒温发展。如果提出在社会主义条件下也有经济的周期波动问题，则有混淆社会主义与资本主义之嫌。于是，我国经济周期波动无形中成了一个无人涉足的学术领域。

在改革开放的推动下，随着学术界的思想解放，20世纪

80年代中期，中国经济周期波动这一崭新研究领域的提出和开拓，在国内外学术界引起了较大的反响。

从国内看，当时，《经济学动态》曾刊发了一篇评论，题为《近年来中国经济周期问题研究述评》（载《经济学动态》1987年第10期）。该文写道："长期以来，人们对社会主义经济周期问题一直讳莫如深。近年来，不少中青年学者大胆闯入这一禁区，尤其是继1984年、1985年超高速增长后的生产滑坡，有关中国经济周期波动的讨论骤然热了起来。从已发表的文献来看，最早提出周期问题的是乌家培和刘树成等人，1985年他们把'社会主义经济增长有没有周期波动'作为一个重要课题提了出来。紧接着，刘树成首先论证了中国的投资周期。与此同时，苏联经济增长的长波运动和短波运动也被提出。"该评论还写道："短短的几年，我国理论界在这样一个社会主义经济发展的重大理论课题上取得突破性进展，是令人鼓舞的；我国不少中青年学者的敏锐洞察力和创见能力也是令人欣慰的。"

从国际看，在日本，一桥大学的木幡仲二教授发表了一篇评论，题为《社会主义经济中的投资周期与中国的经济改革》（载《一桥研究》1990年4月第15卷第1号），其中详细评介了我的关于中国投资周期研究的最早的4篇论文。木幡仲二教授评论说："在中国投资周期问题上，刘树成作了最有主导性的探讨。这里之所以必须介绍刘树成的见解，是因为他的见解代表了对这一问题的规范性认识。"在俄罗斯，因对经济周期波动问题的研究，2007年我获得了俄罗斯第五届康德拉季耶夫金奖。康德拉季耶夫奖是由俄罗斯"国际康德拉季耶夫基金会”和“俄罗斯自然科学院”联合组织评选的社会科学奖。该奖项每三年评选一次，每次从国际学者中评选出金、银、铜奖，同时从俄罗斯本国学者中评选出金、银、铜奖。国际康德拉季耶夫基金会成立于1992年，是为了纪念俄罗斯著名经济学家和经济周期专家康德拉季耶夫100周年诞辰而成立的。1995年开始第一届评奖。该基金会指出，康德拉季耶夫奖颁发给那些对社会科学发展做出杰出贡献的学者，是公认的社会科学界的最高奖项之一。在前四届评选中，获得国际学者金奖的分别是德国、荷兰、乌克兰和美国的学者。在第五届评选中，我作为中国学者首次获得金奖。

二　改革开放前后中国经济周期波动的比较研究

在探讨改革开放前后我国经济周期波动的变化之前，需要先对“经济周期”的理解和分类作研究。

（一）对“经济周期”不应作机械的理解

经济周期是指国民经济运行中扩张与收缩不断交替的运动过程。而一提到经济周期，人们往往会认为，既然叫经济周期，那么每个周期的时间长度都应该一样，否则就不能叫周期。在《中国经济周期波动的新阶段》一书中，我提出，对“经济周期”不应作机械的理解，如果认为每个周期的时间长度都应该相同，那么这种机械的理解会导致两种后果：

一种后果是，否定了经济周期的存在，因为在现实经济生活中，没有像物理学或数学中那样具有固定时间长度的周期；另一种后果是，错误地进行经济预测，以为上一个周期是几年，下一个周期也应该是几年，上一个周期是什么样，下一个周期也应该是什么样。现实经济生活是复杂的，影响经济活动的因素很多，对于经济周期的时间长度来说，不可能是绝对的、固定不变的，而只能是相对的、可变的、平均近似的。关于对经济周期的理解，我查阅了国际经济学界有关资料，有三种解说可作参考：

其一，美国经济学家保罗·A.萨缪尔森（Paul A. Samuelson.，1970年诺贝尔经济学奖获得者）和威廉·D.诺德豪斯（William D. Nordhaus.，2018年诺贝尔经济学奖获得者）在他们所著的《经济学》中指出："没有两个经济周期是完全一样的，但它们有许多相似之处。虽然不是一模一样的孪生兄弟，但可以看得出它们属于同一家族。"[①]

其二，美国经济学家札尔诺维奇（V Zarnowitz.）认为："'经济周期'这一术语，就其不含有唯一的周期长度来说，有点用词不当，但是它广泛被接受，表明对长期存在着的一些重要规律性的认识。观察到的波动，除了在时间长度方面，在振幅和范围方面也变化很大，然而它们却有着许多共同点。"[②]

---

① 保罗·A.萨缪尔森、威廉·D.诺德豪斯：《经济学（第12版）上》，中国发展出版社1992年版，第313页。

② V Zarnowitz. *Recent Work on Business Cycles in Historical Perspective: A Review of Theories and Evidence*, Journal of Economic Literature, Vol. XXIII，1985：533.

其三，一般说来，“经济波动”概念要比“经济周期”概念更为宽泛。“波动”可以采取周期形式，也可以不采取周期形式。但由于“经济周期”概念已广为使用，所以经济学界也经常将其与“经济波动”概念等同使用。美国经济学家奥利维尔·布兰查德（Oliver Blanchard.）和斯坦利·费希尔（Stanley Fischer.）在他们所著的《宏观经济学（高级教程）》中指出：“根据传统，我们使用术语‘经济周期’来表示产出与就业的总量波动。但是，如我们在第一章中所说，我们并不墨守于这一思想，有时在使用术语‘周期’时，隐含着所有瞬时偏离确定性趋势的产出波动。”①

（二）经济周期按不同时间长度的分类

关于对经济周期的理解，还涉及经济周期按不同时间长度的分类问题。对此，我在《中国经济的周期波动》和《中国经济周期波动的新阶段》两书中均做了探讨，现根据美籍奥地利裔经济学家约瑟夫·熊彼特（Joseph Alois Schumpeter.）的有关研究，以及其他相关资料，重新做一梳理。熊彼特在1935年发表的《经济变动的分析》一文和1939年出版的《经济周期——对资本主义过程的理论、历史和统计的分析》一书中，归纳并命名了三种周期：

第一种，中周期。每个周期平均长度为9～10年。这是国际经济学界最早详细地进行统计分析和明确提出的一

① 奥利维尔·布兰查德、斯坦利·费希尔：《宏观经济学（高级教程）》，经济科学出版社1992年版，第336页。

种周期。它是由法国经济学家莱芒特·朱格拉（Clement Juglar.），在1860出版的《论法国、英国和美国的商业危机及其发生周期》一书中，通过对各国银行数据、利率、价格等统计资料的分析，对结婚率等其他证据的分析，以及对1696年以来商业危机历史的考察，发现和确认的周期。熊彼特将这种周期命名为“朱格拉周期”。

第二种，短周期。每个周期平均长度约40个月（3.3年左右）。这是由英国经济学家约瑟夫·基钦（Joseph Kitchin.），在1923年发表的《经济因素中的周期和趋势》一文中，通过对美国和英国1890—1922年期间银行结算、价格、利率，以及贸易、收入、工资、证券交易所的证券报价、生产量等统计资料的分析，发现和确认的周期。熊彼特将这种周期命名为“基钦周期”。

第三种，长周期。每个周期历时54～60年。这是由苏联经济学家尼古拉·康德拉季耶夫（Nikolai D. Kondratieff.），在1925年发表的《经济生活中的长波》一文中，通过法国、英国、美国、德国等国的多种统计数据，如价格、利率、有价证券、银行存款、工资、对外贸易、煤炭的生产和消费、生铁的生产、铅的生产、燕麦种植面积、棉花种植面积等的分析，详细地描述和确认的长波。所用统计数据最早始于1779年（如英国的价格资料），截至1921年。熊彼特将这种长波命名为“康德拉季耶夫周期”。

熊彼特以创新为核心，建立了基于长周期、中周期、短周期相结合的“三种周期框架”的创新周期理论。他提出，一个康德拉季耶夫长周期包含6个期限为9年或10年的朱格拉中周期，一个朱格拉中周期包含3个期限为40个月的基钦短周期。

在经济周期按不同时间长度的分类上，除了以上三种周期外，国际经济学界还经常谈论到以下第四种周期：

第四种，中长周期。每个周期在15～25年之间，平均长度为20年。这是由美国经济学家西蒙·史密斯·库兹涅茨（Simon Smith Kuznets.，1971年诺贝尔经济学奖获得者），在1930年出版的《生产和价格的长期运动》一书中，通过对美国、英国、比利时、德国、法国约60种农业、工矿业产品的生产量和35种主要产品的价格等统计资料的分析，发现和确认的周期。这些统计资料涉及小麦、玉米、马铃薯、棉花、烟煤、无烟煤、石油、生铁、钢材、水泥、铜、锌、铅、盐、铁路机车，以及银行结算等。所用统计资料最早始于1810年（如法国的煤炭产量）和1815年（如法国的小麦种植量和价格），一般始于1860年，截至1925年。熊彼特在《经济变动的分析》一文中，曾提到库兹涅茨对周期性波浪的研究。在《经济周期：对资本主义过程的理论、历史和统计的分析》一书中，熊彼特明确提到了库兹涅茨发现的15～25年的周期。但熊彼特没有把这种周期纳入自己的分析框架。熊彼特认为康德拉季耶夫长周期、朱格拉中周期、基钦短周期相结合的“三种周期框架”，足以满足其创新周期理论的构建。

我特别注意到马克思和恩格斯当年在研究资本主义经济周期时，对周期时间长度的说明。他们一开始提出5～7年的周期，后来提出平均10年的周期，而把5～7年的周期视为中间穿插的较小波动。如马克思在1852年曾提出：“现代工商业在其发展过程中产生历时五年到七年的周期性的循环，以经常的连续性经过各种不同的阶段——沉寂，然后是若干好转，信心渐增，活跃，繁荣，狂热发展，过度扩张，崩溃，压缩，停滞，衰竭，最后，又是沉寂。”①后来，马克思在1876年出版的《资本论》第1卷中，具体考察了1815—1863年这49年间英国棉纺织业的波动，把它描述为5个平均10年左右的周期，其中包含着5～7年的较小波动。第1个周期，1815—1826年，历时12年，其中包含为期7年和5年的两个较小波动。第2个周期，1827—1838年，历时12年，其中亦包含为期7年和5年的两个较小波动。第3个周期，1839—1848年，历时10年，其中包含两个为期5年的较小波动。第4个周期，1849—1857年，历时9年，其中包含为期3年和6年的两个较小波动。第5个周期，1858—1863年，历时6年。②

恩格斯在考察同一时期的经济周期波动时，于1847年提出："从十九世纪初期以来，工业经常在繁荣时期和危机时期之间波动。这样的危机几乎定期地每五年到七年就要发生一次。"③ 后来，恩格斯指出："我把工业大危机的周期算成了五年。这个关于周期的长短的结论，显然是从1825年到1842 年间的事变进程中得出来的。但是1842年到1868年的工业历史表明，这种周期实际上是十年，中间的危机只具有次

① 马克思：《贫困和贸易自由——日益迫近的商业危机》，《马克思恩格斯全集》第8卷，人民出版社1961年版，第416-417页。

② 马克思：《资本论》第1卷，人民出版社1975年版，第498-499页。

③ 恩格斯：《共产主义原理》，《马克思恩格斯全集》第4卷，人民出版社1958年版，第363页。

要的性质，并且在1842年以后就逐渐消失了。”[①]

中国经济的周期波动，在1953—1990年间，主要表现为5年左右的短周期（比40个月左右的基钦短周期要长一些），1991年之后又主要表现为10年左右的中周期。这种情况有些类似于马克思和恩格斯当年分析的情况。因中华人民共和国成立以来的历史数据资料不是很多，故难以对长周期和中长周期进行考察。

（三）改革开放前后中国经济周期波动在状态特征上的变化

我在1985年下半年至1987年撰写和发表的对我国经济周期波动最初探讨的4篇论文中，关于中华人民共和国成立以来的经济统计数据资料仅用到1984年至1986年的。1989年我的第一部专著《中国经济的周期波动》出版时，统计数据也只用到1986年。而在1996年出版我的第二部专著《中国经济周期波动的新阶段》时，统计数据则延长到了1995年。这一延长，呈现出更为丰富的新内容。我发现，中华人民共和国成立以来我国经济的周期波动明显表现为改革开放前后两大阶段。我提出，改革开放以前，我国经济周期波动的总特点是：总体态势呈现为“大起大落型”。而改革开放以后，我国经济的周期波动进入了一个新阶段。这个新阶段的总特点是：总体态势趋向“高位平稳型”。到我在《经济学动

① 恩格斯：《英国工人阶级状况》，《马克思恩格斯全集》第22卷，人民出版社1956年版，第373页。

态》2009年第10期发表《新中国经济增长60年曲线的回顾与展望——兼论新一轮经济周期》一文时，数据资料又延长到2009年。这一延长，使改革开放之后我国经济周期波动在状态特征上所发生的新变化更加明显了。在该文中，我根据GDP增长率的统计资料提出，中华人民共和国成立后，经过3年的国民经济恢复，从1953年起，开始进行大规模的经济建设，进入工业化历程，到2009年，按照“谷—谷”法划分，经济波动共经历了10个周期。所谓“谷—谷”法，是指从经济增长率越过波谷而开始回升的年份算起，到越过波峰而回落到波谷的年份为止，作为一个周期。这10个周期分别是：

第1个周期：1953—1957年，历时5年；

第2个周期：1958—1962年，历时5年；

第3个周期：1963—1968年，历时6年；

第4个周期：1969—1972年，历时4年；

第5个周期：1973—1976年，历时4年；

第6个周期：1977—1981年，历时5年；

第7个周期：1982—1986年，历时5年；

第8个周期：1987—1990年，历时4年；

第9个周期：1991—1999年，历时9年；

第10个周期：2000—2009年，历时10年。

其中，第6个周期的前两年（1977年、1978年）属于改革开放之前，后3年（1979年、1980年、1981年）属于改革开放之后。为了方便分析，特别是该周期的波谷年份位于改革开放之后，可将这个周期作为改革开放之后的周期。这样，改革开放之前有5个周期，改革开放之后有5个周期。我具体考察了改革开放前后我国经济周期波动在状态特征上所发生的五大变化。

（1）波动的长度：明显延长。在前8个周期中，周期长度平均为5年，表现为一种短周期。而20世纪90年代初之后，在第9个、第10个周期中，周期长度延长到9～10年，扩展为中周期。特别是在第10个周期中，上升阶段由过去一般只有短短的1～2年，延长到8年，这在60年来中国经济发展史上从未有过。周期时间长度的延长，表明我国经济增长的稳定性增强。

（2）波动的强度：理性下降。波动的强度是指每个周期内波峰年份的经济增长率。它表明每个周期经济扩张的强度。波峰过高，扩张过强，往往导致随后的波谷过深，从而使整个周期的振幅过大；波峰过低，扩张微弱，则表明经济增长乏力。波峰以适度为好。10个周期的波峰年份及其GDP增长率分别为：

第1个周期波峰：1956年15.0%；

第2个周期波峰：1959年21.3%；

第3个周期波峰：1964年18.3%；

第4个周期波峰：1970年19.4%；

第5个周期波峰：1975年8.7%；

第6个周期波峰：1978年11.7%；

第7个周期波峰：1984年15.2%；

第8个周期波峰：1988年11.6%；

第9个周期波峰：1992年14.2%；

第10个周期波峰：2007年13.0%。

改革开放之前的5个周期，特别是以第2个、第3个、第4个周期为代表，波动的强度高达20%左右。而改革开放之后的5个周期，波动的强度下降为11.7%～15.2%。波动强度的下降表明，我国经济的增长在一定程度上减少了盲目扩张性，从而有利于增强经济的稳定性。

（3）波动的深度：显著提高。波动的深度是指每个周期内波谷年份的经济增长率。它表明每个周期经济收缩的力度。波谷越低，说明经济增长越不稳定。波动的深度也反映着经济增长的稳定性。通常，对波动深度的考察被称作波动的性质。波动性质分为两种类型：一种是古典型，波谷年份的经济增长率为负值，也就是GDP呈绝对量的下降；另一种是增长型，波谷年份的经济增长率仍为正值，也就是GDP的绝对量并不下降，而是其增长率减缓。10个周期的波谷年份及其经济增长率为：

第1个周期波谷：1957年5.1%；

第2个周期波谷：1961年−27.3%，1962年−5.6%；

第3个周期波谷：1967年−5.7%，1968年−4.1%；

第4个周期波谷：1972年3.8%；

第5个周期波谷：1976年−1.6%；

第6个周期波谷：1981年5.1%；

第7个周期波谷：1986年8.9%；

第8个周期波谷：1990年3.8%；

第9个周期波谷：1999年7.6%；

第10个周期波谷：2009年9.2%。

改革开放之前的5个周期，以古典型为主。其中，第1、第4个周期为增长型，第2个、第3个、第5个周期为古典型。特别是在第2个周期中，1961年波谷极深，为-27.3%。而改革开放之后的5个周期，均为增长型。改革开放之后，波谷的上升极为显著，表明我国经济的增长增强了抗衰退力，亦有利于增强经济的稳定性。

（4）波动的幅度：趋于缩小。波动的幅度是指每个周期内经济增长率最高峰与最低谷之间的落差。它表明每个周期内经济增长高低起伏的剧烈程度。振幅越大，说明经济增长越不稳定。10个周期的经济增长率的峰谷落差为：

第1个周期：峰15.0%，谷5.1%，落差9.9个百分点；

第2个周期：峰21.3%，谷-27.3%，落差48.6个百分点；

第3个周期：峰18.3%，谷-5.7%，落差24.0个百分点；

第4个周期：峰19.4%，谷3.8%，落差15.6个百分点；

第5个周期：峰8.7%，谷-1.6%，落差10.3个百分点；

第6个周期：峰11.7%，谷5.1%，落差6.6个百分点；

第7个周期：峰15.2%，谷8.9%，落差6.3个百分点；

第8个周期：峰11.6%，谷3.8%，落差7.8个百分点；

第9个周期：峰14.2%，谷7.6%，落差6.6个百分点；

第10个周期：峰13.0%，谷9.2%，落差3.8个百分点。

改革开放之前的5个周期，峰谷落差很大。特别是第2个周期，峰谷落差将近50个百分点。改革开放之后，峰谷落差显著缩小，仅为3.8～7.8个百分点。

（5）波动的平均高度：适度提升。改革开放之前，1953—1978年（以1952年为基年）的26年中，GDP年均递增率为6.1%。改革开放之后，1979—2009年（以1978年为基年）的31年中，GDP年均递增率为9.7%，比改革开放前提升了3.6个百分点。

我在《新中国经济增长60年曲线的回顾与展望——兼论新一轮经济周期》一文中指出，中华人民共和国成立后至改革开放前，是我国社会主义建设取得伟大成就和对社会主义建设规律进行艰辛探索的时期，从经济增长与波动的角度来看，其特征表现为“大起大落型”。改革开放之后，我国经济增长与波动转向“高位平稳型”。这一变化充分表明，我国经济的周期波动在改革开放之后进入了一个新阶段。在这一新阶段，我国经济的增长力和经济增长的稳定性都在增强。

（四）改革开放以来中国经济周期波动状态变化的原因分析

改革开放以来，我国经济周期波动在状态特征上的变化，其原因是多方面的。在《中国经济周期波动的新阶段》一书中，我提出一种“外在冲击-内在传导”分析框架；在《新中国经济增长60年曲线的回顾与展望——兼论新一轮经济周期》一文中进一步扩充这个分析框架。这个分析框架将经济周期波动视为由两个部分组成：第一个部分是内生波动。它是由经济体系本身的内在结构所传导的基本波。经济体系本身的内在结构，决定着经济体系本身的波动性及其波动的基本状态，即决定着波长、波高、波深和振幅等。第二个部分，是外生波动。它是由经济体系之外的外在冲击作用于内在结构而产生的叠加波。外在冲击对波动的具体状态，包括波长、波高、波深和振幅等产生影响。自然灾害，国际经济、金融危机等为外在冲击。政府的宏观调控属于一种重要的外在冲击力量。宏观调控实施得是否得当，会提高或降低经济的增长力和稳定性，加剧或减缓经济的波动。根据“外在冲击-内在传导”分析框架，我把改革开放以来我国经济周期波动在状态特征上所发生的变化归于两大类原因：一类是经济结构自身的内在变化，另一类是宏观调控作为外在冲击的不断改善。

我提出，改革开放以来我国经济结构发生了七大重要变化。

第一，体制结构的变化，为经济的“高位平稳型”增长提供了重要的体制性基础。改革开放以来，我国的经济体制发生了重大变化，由过去高度集中的计划经济体制逐步转变为社会主义市场经济体制。在传统的计划经济体制下，企业的产、供、销和投资等生产经营活动均没有自主权，完全由国家计划、统一管理，经济运行僵化。在社会主义市场经济体制下，经济活动的主体有了自主权，价格杠杆、竞争机制、要素市场等市场机制被引入，市场在资源配置中发挥着日益重要的作用，这为经济发展注入了前所未有的生机和活力。

第二，所有制结构的变化，为经济的“高位平稳型”增长提供了基本经济制度条件。所有制结构的变化，包括产值方面的所有制结构变化和就业方面的所有制结构变化。从产值方面的所有制结构变化来看，以工业企业所有制结构为例，在工业总产值中各种所有制企业所占的比重发生了重要变化。1978年，工业企业的所有制经济类型只有两种：国有工业和集体工业。在工业总产值中，它们分别占77.6%和22.4%。到2007年，在规模以上工业企业的工业总产值中，按登记注册类型划分，所有制实现形式已呈现多样化。其中，国有企业（非公司制）占9%；集体企业占2.5%；股份合作企业占0.9%；联营企业（含国有联营企业）占0.4%；有限责任公司（含国有独资公司）占22.3%；股份有限公司（含国有控股企业）占9.9%；私营企业占23.2%；其他内资企业占0.3%；港澳台商投资企业（含合资、合作、独资）占10.5%；外商投资企业（含合资、合作、独资）占21%。

从就业方面的所有制结构变化来看，以城镇就业人员的所有制类型为例，1978年，主要是国有单位和集体单位两种，分别占78.3%和21.5%；个体就业人员仅占0.2%。到2007年，就业的所有制结构发生了很大的变化。在城镇就业人员中，国有单位所占比重由1978年的78.3%，下降到2007年的21.9%；集体单位所占比重由21.5%下降到2.4%；私营企业和个体的就业比重共达26.9%；城镇其他类型就业的比重达32.9%。

在改革开放中，微观基础的重造，使各种所有制经济共同发展和相互促进，使市场主体和投资主体多元化，发挥了各种市场主体和投资主体的积极性，为经济的高位、平稳增长提供了重要的基本经济制度条件。

第三，资源供给结构的变化，为经济的“高位平稳型”增长提供了必要的物质条件。市场机制的引入及其在资源配置中所发挥的重要作用，以及所有制结构的变化，给经济的供给面增添了活力，使长期存在的资源供给严重短缺的状况基本改变。原有的煤、电、油、运、材（重要原材料，如钢铁、水泥）等资源供给的瓶颈制约得到不同程度的缓解，有的还出现了相对过剩。这从物质上支撑了经济的高位、平稳运行。

第四，产业结构的变化，为经济的“高位平稳型”增长提供了重要的产业基础。第一、第二、第三产业结构，是经济体系的重要的内在结构。各次产业的增长与波动具有不同的特点，因此，各次产业在整个国内生产总值中的比重变化，影响着整个经济波动。一般说来，第一产业增长与波动的特点是，增长速度较慢，波动幅度较小，但受自然条件影响较大；第二产业的特点是，增长速度快，但波动幅度也较大；第三产业的特点是，增长速度较快，而波动幅度较小，一般不会受自然条件太大的影响。改革开放之前，第一产业占国内生产总值的比重较高，特别是中华人民共和国成立之初，1952年，其比重高达51%，超过国内生产总值的一半，但其比重呈下降趋势，到1978年，下降到27.7%。第二产业的比重则呈上升趋势，1952年为20.8%；1970年上升为40.3%，超过第一产业的比重；1978年上升到47.7%，将近国内生产总值的一半。第三产业的比重略有下降，由1952年的28.2%，下降到1978年的24.6%。所以，这一时期，第一产业和第三产业的比重下降，第二产业的比重明显上升，整个经济虽有一定增长，但波动剧烈。改革开放之后，到2008年，第一产业的比重继续呈下降趋势，下降到10.3%。第二产业的比重略有下降，2008年为46.9%。第三产业的比重则呈上升趋势，1985年上升为29.4%，超过第一产业的比重；2008年上升到42.8%，仅比第二产业的比重低4.1个百分点。所以，这一时期，第一产业的比重继续下降，第二产业的比重相对稳定，第三产业比重明显上升，这有利于经济在适度高位的平稳运行。

我在2009年发表的《新中国经济增长60年曲线的回顾与展望——兼论新一轮经济周期》一文中，使用的三次产业结构的统计数据截至2008年。现在，如果将统计数据限延长到2017年，我们可以看到，第一产业的比重继续下降，降至7.9%。第二产业的比重呈现出下降趋势，降到40.5%。第三产业的比重继续上升，2013年升到46.7%，超过第二产业的比重；2017年升到51.6%，超过国内生产总值的一半。在这一时段，第一产业、第二产业的比重均下降，而第三产业的比重继续上升，进一步增强了经济增长的稳定性。

第五，城乡人口结构的变化，为经济的"高位平稳型"增长提供了强大的需求动力。改革开放促进了劳动力要素的流动，推动了工业化进程，提高了城镇化率。城镇化率的提高，带来巨大的城镇基础设施建设和房地产建设需求，带动了各种相关产业蓬勃发展。1949年我国常住人口城镇化率仅为10.6%，1978年上升到17.9%，2008年上升到45.7%（2017年为58.5%）。

第六，消费结构的变化，为经济的"高位平稳型"增长提供了新的消费需求动力。改革开放以来，人均收入水平的提高，推动着消费结构的升级。消费结构由"吃、穿、用"向"住、行"升级，由生存型向发展型和享受型升级。消费结构的升级，推动了产业结构的调整和优化，形成经济增长的重要推动力。

第七，地区结构的变化，为经济的"高位平稳型"增长提供了广阔的地理空间。改革开放以来，20世纪80年代至90年代，东部沿海地区经济增长很快；90年代末期后，中西部地区经济加快了发展速度。在国际金融危机的影响下，东部沿海地区受冲击较大，而中西部地区的工业生产增速、固定资产投资增速等普遍高于东部沿海地区。

以上分析表明，改革开放以后，我国的经济结构发生了许多重要变化。这些新变化在今后我国经济的发展中会继续起到重要作用。

关于宏观调控作为外在冲击的不断改善，我认为，就每一个周期的具体波动状态来说（如波长、波高、波深和振幅等），宏观调控作为一种外生因素具有重要作用，甚至具有一定的决定性作用。这是因为，经济结构的变化和外在冲击的变化，二者都对波动状态产生影响，但它们的影响作用具有不同的特点。一般说来，经济结构的变化不是瞬间进行的，而是有过程的。在一定时期内，经济结构具有相对的稳定性。因此，经济结构的变化对波动状态的影响可以说是一种在一定时期内发生作用的长期性变量，或慢变量。而外在冲击的变化对波动状态的影响则往往是急速的、见效快的。外生冲击的变化可以说是一种短期性变量，或快变量。政府的宏观调控作为一种外在冲击因素，对波动状态的影响极为重要和显著，具有关键意义。在《中国经济周期波动的新阶段》一书中，我把改革开放以来宏观调控的不断改善归结为三个重要方面。

其一，宏观调控指导思想的变化。改革开放之前，我国经济周期波动的总特点是“大起大落”，也就是振幅大、峰位高、谷位深。而“大起大落”的要害，在于“大起”。过高、过早的“大起”，或称作过度的扩张，使得在经济波动的扩张期财力、物力、人力等资源被过度消耗，严重破坏了经济正常运行的各种均衡关系，必然导致过深、过长的“大落”。正所谓“山高谷深”“树高影长”。改革开放之前，宏观调控的指导思想表现为，不断地追求和推动经济的粗放型、外延型的超高速扩张。在这种指导思想下，必然是人为地造成一再的“大起”，又导致一再的“大落”。改革开放之后，宏观调控的指导思想由过去的片面追求高速度，逐步转向兼顾增长与稳定，兼顾增长与效益。这一转变，一方面是因为人们吸取了过去的教训，逐渐认识到“大起大落”的危害性；另一方面，也根源于经济发展所处阶段的演变和经济体制的转变。就经济发展所处的阶段来说，改革开放之后，我国已由工业化的初期阶段推进到中期阶段。从产业结构来讲，由建立最基本的、门类齐全的工业体系，即从无到有，推进到结构的优化与升级。从人民生活来讲，由解决温饱问题推进到向小康水平迈进。人民生活在数量上逐步得到基本的满足之后，即从无到有之后，也上升到要求质量的提高、品种的多样和服务的优良。在这种背景下，客观上就要求实现经济发展向集约型、内含型、质量型、效益型、稳定型转变。宏观调控作为政府的行为，其指导思想就应反映这种客观趋势并做相应地转变。就经济体制来说，社会化大生产日趋复杂化和多样化，要求有灵活性高和应变力强的经济体制与之相适应，而原有的高度集中和僵化的经济体制日渐成为经济发展的障碍。在向社会主义市场经济体制的过渡中，政府宏观调控的任务由原先只顾推进经济的高速增长，逐步转变为要保证经济增长的稳定性；由原先追求与助长旧体制下的扩张冲动，逐步转变为抑制这种扩张冲动。同时，为了保证经济体制改革的顺利进行，也要求有相对宽松、相对稳定的宏观经济环境。这就使宏观调控的指导思想有了相应的转变。

其二，宏观调控职能角色的变化。改革开放之前，在原有的高度集中的计划经济体制下，经济活动的主体实际上只有一个，就是政府。对于宏观调控来说，政府的职能角色是，既担当调控的主体又担当调控的客体，也就是既当裁判员又当运动员。这种宏观调控，完全是自我调控。因此，在经济周期波动的整个扩张阶段，中央政府宏观调控的职能是单一的"顺周期"推进。所谓"顺周期"推进，是指宏观调控在方向上顺应周期波动之势而进行。这样，从中央政府到地方政府，从各部门到各企业，在扩张中，都是齐步走、一窝蜂地大干快上，因而很容易使波动的峰顶"高耸入云"，直到难以为继的程度时才被迫终止。改革开放之后，在向社会主义市场经济体制的过渡中，经济活动的主体趋向多元化。对于宏观调控来说，中央政府成为调控的主体，而地方政府、各部门、各企业成为调控的客体。这样，在经济周期波动中，中央政府宏观调控的职能不再是单一的"顺周期"推进，而是加进了"逆周期"调节。所谓"逆周期"调节，是指宏观调控在方向上逆周期波动之势而进行。当经济扩张达到一定的程度时，中央政府主动地、适时适度地采取逆向的紧缩措施，以防止扩张的盲目继续推进，防止出现扩张到难以为继的程度时才被迫终止的局面。无论是“顺周期”政策还是“逆周期”政策，都有一个适度的问题。宏观调控既要把握方向的适时转变，又要把握力度的恰当运用。

其三，宏观调控信号机制的变化。改革开放之前，在计划经济体制下，价格并不起着经济运行状况晴雨表和资源配置方向器的作用。价格不是由市场决定的，而是由政府统一制定的，它主要是作为经济核算的工具。而且，在很长一段时间里，政府对价格直接采取冻结政策。在经济波动中，当经济扩张超过了一定时期内社会的财力、物力、人力等资源力所能及的程度时，也就是经济扩张进入过热状态时，价格并不随之上升，经济运行的失衡不以价格的上升信号反映出来。这样一来，通货膨胀就存在潜在性、隐蔽性。这一隐蔽性，掩盖了经济运行的失衡，使政府不能在国民经济管理中得到关于经济运行状况的及时和正确的信号传递，不能及时地采取有效措施，以控制经济的扩张，引导资源的合理配置。改革开放之后，大部分商品价格陆续放开，不再由政府统一制定，而是由市场供求决定。这就使过去存在潜在性、隐蔽性的通货膨胀公开化。经济的过热增长，反映为物价的迅速上涨。价格信号传递着经济失衡的信息。价格作为经济运行状况的晴雨表和资源配置的方向器开始发挥作用。这就有利于中央政府根据价格信号，及时、正确地实施宏观调控政策。物价上涨率成为控制经济增长速度的一个重要上限约束，成为宏观调控的重要目标之一，而且，在一定的年份，成为宏观调控的首要目标。

三 经济周期波动原因的系统研究

在探讨了改革开放以来我国经济周期波动在状态特征上的五大变化，以及引起这些变化的两大类原因之后，我在《中国经济周期波动的新阶段》一书中，从更广阔的视角，对形成和影响经济周期波动的原因进行了全面的、系统的研究。研究分两个层次：第一个层次，探寻形成经济周期波动的最基本的物质性和本源性原因；第二个层次，在第一个层次的基础上，对形成和影响经济周期波动的各种可能的因素及其具体的作用机制进行分析。

（一）形成经济周期波动的最基本的物质性和本源性原因

过去，一说经济周期，人们往往把它与资本主义经济相联系。这是因为，传统的社会主义政治经济学认为，经济周期是资本主义经济所特有的范畴。另外，也有人把经济周期视为商品经济所特有的范畴，认为在商品经济下，卖与买是脱节的，而市场的调节作用具有自发性，因此产生了经济的周期波动。我仔细地研究了马克思当年在分析资本主义经济周期形成的原因时的论述。根据马克思的分析，我提出：经济周期既不是资本主义经济所特有的范畴，也不是商品经济所特有的范畴，更不是从人类社会一开始就有的现象，而是与现代机器大工业紧密相连的范畴。这包含五层意思。

其一，就一般商品经济来说，马克思指出：“卖与买的对立包含着危机的可能性，但仅仅是可能性。这种可能性要发展为现实，必须有整整一系列的关系，从简单商品流通的观点来看，这些关系还根本不存在。”① 这说明，在一般商品经济背景下，卖与买的对立只是产生经济周期性危机的可能性条件，而不是现实性条件。

其二，在马克思以上所说的“整整一系列的关系”中，具有物质性和本源性关系的是现代机器大工业的产生和发展。马克思把经济周期称为“现代工业特有的生活过程”，并明确指出：“现代工业这种独特的生活过程，我们在人类过去的任何时代都是看不到的，即使在资本主义生产的幼年时期也不可能出现。”② 马克思分析了现代机器大工业在生产上和固定资本投资上所具有的特点。就生产来说，现代机器大工业使生产规模具有巨大的、突然跳跃式的扩张力和收缩力。这种扩张力和收缩力，成为整个社会经济活动扩张与收缩相交替的周期波动的物质技术条件。马克思指出：“随着积累和伴随积累而来的劳动生产力的发展，资本的突然扩张力也增长了，这不仅是因为执行职能的资本的伸缩性和绝对财富——资本不过是其中一个可伸缩的部分——增长了，也不仅是因为信用每当遇到特殊刺激会在转眼之间把这种财富的非常大的部分作为追加资本交给生产支配。这还因为生产过程本身的技术条件，机器、运输工具等，有可能以最大的规模最迅速地把剩余产品转化为追加的生产资料。”而

① 马克思：《资本论》第1卷，人民出版社1975年版，第133页。

② 马克思：《资本论》第1卷，人民出版社1975年版，第694页。

"生产规模突然的跳跃式的膨胀是它突然收缩的前提，而后者又引起前者"。[①]

其三，现代机器大工业使生产规模所具有的这种巨大的、突然跳跃式的扩张力和收缩力，在以农业、牧业和工场手工业为主的社会中是没有的。因为农业、牧业和工场手工业的生产难以大规模扩张。马克思指出："那时，技术进步缓慢，技术进步的普遍推广更慢，社会资本构成的变化几乎还感觉不到。"[②] 特别是农业和牧业，其生产过程的周期较长，农作物一般要一年，牲畜一般要数年，并且在很大程度上受自然条件的影响，不可能像机器大工业的生产那样在较短的时间内就可以发生突然跳跃式的扩张和收缩。

其四，就现代机器大工业在固定资本投资上所具有的特点来看，固定资本更新和补偿的周转周期，或者说固定资本的大规模新投资，是经济周期波动的物质基础。马克思分析道："可以认为，大工业中最有决定意义的部门的这个生命周期现在平均为十年。但是这里的问题不在于确定的数字。无论如何下面一点是很清楚的：这种由若干互相联系的周转组成的包括若干年的周期（资本被它的固定组成部分束缚在这种周期之内），为周期性的危机造成了物质基础。在周期性的危机中，营业要依次通过松弛、中等活跃、急剧上升和危机这几个时期。虽然资本投下的时期是极不相同和极不一致的，但危机总是大规模新投资的起点。因此，就整个

① 马克思：《资本论》第1卷，人民出版社1975年版，第693、694页。

② 马克思：《资本论》第1卷，中国社会科学出版社1983年版，第674页。

社会考察，危机又或多或少地是下一个周转周期的新的物质基础。”①

其五，现代机器大工业的周期波动在实现过程中，还需要其他必要的配合条件，如市场条件、资本积累条件、信用条件、剩余劳动力条件等。但这些条件都是伴随机器大工业而产生的，并在机器大工业的基础上发生作用的。所以，马克思总括性地指出：“当机器工业如此根深蒂固，以致对整个国民生产产生了决定性影响时；当对外贸易由于机器工业而开始超过国内贸易时；当世界市场逐渐兼并了新大陆，亚洲和澳洲的广阔地区时；最后，当走上竞赛场的工业国家为数众多时；——只是从这个时候起，才开始出现不断重复的周期。”而且，“正如天体一经投入它们的轨道就会无限期地围绕着轨道旋转一样，社会生产一经投入这个膨胀和收缩的交替运动，也会由于机制的必然性不断重复这一运动。”②

综上所述，我认为，商品经济，或其发达形态——市场经济、货币经济，为经济周期波动提供了一般的可能条件和必要条件，而现代机器大工业的产生和发展则是经济周期波动最基本的、具有物质性和本源性的原因。一方面，现代机器大工业在生产上所具有的巨大的、突然跳跃式的扩张力和收缩力，是经济周期波动的物质技术条件；另一方面，现代机器大工业在固定资本更新和补偿上的周转周期，或者说在

① 马克思：《资本论》第2卷，人民出版社1975年版，第207页。

② 马克思：《资本论》第1卷，中国社会科学出版社1983年版，第675页。

固定资本上的大规模新投资，是经济周期波动的物质基础。由此，我提出，我国自1953年开始大规模的经济建设从而进入工业化进程以来，也就开始了经济周期波动这一“现代工业特有的生活过程”。

（二）形成和影响经济周期波动的各种因素分析

在探寻形成经济周期波动的最基本的物质性和本源性原因的基础上，还需要进一步研究形成和影响经济周期波动的各种可能的因素及其具体的作用机制。我提出，在现实的经济生活中，经济周期波动是由一系列复杂的因素形成的，这需要明确三点：第一点，现实的经济周期波动是由各种因素相互交织形成的，而不可能用任何一种单独的因素，也就是不可能用任何唯一的原因来加以解释；第二点，在每一次周期波动中，也并非所有因素都在其中起了作用，往往是有一组重要因素在起作用，而每次的因素组合有可能不同；第三点，在因素组合中，也不是每一个因素都处于同等重要的地位。在每次周期波动中，哪个因素会起到直接的导火线作用，也不一定相同。在一个现实的经济周期波动中，当扩张阶段中止，转向收缩阶段时，或者说在达到波峰后向下转折时，起到直接的导火线作用的因素，往往只表现为一两个重要因素。对于这种情况，我引用了美国经济周期专家迈克尔·P. 尼米诺（Michael P. Niemira.）和菲利普·A. 克莱因（Philip A. Klein.）曾经做过的一个形象比喻：“在任何一个特定的危机中，一个或另一个因素可能是经济衰退的主要原因，这就是常说的压垮骆驼背的最后一根稻草。”[①] 然而，这最后“一根稻草”能够“压垮骆驼背”，绝不仅仅是这一根稻草的作用，而是其他有关因素事先做了铺垫。

我在《中国经济周期波动的新阶段》一书中，把形成和影响经济周期波动的各种可能的因素找出来，经过梳理，选出常见的因素共16个，归纳为3类。这16个因素是：①基本经济因素；②资源供给因素；③经济参数因素；④经济发展因素；⑤经济体制因素；⑥经济组织制度因素；⑦政策因素；⑧政治因素；⑨心理因素；⑩科学技术因素；⑪自然因素；⑫人口因素；⑬国际战争因素；⑭国际供给因素；⑮国际需求因素；⑯国际金融因素。以上第1至第6个因素为国内经济类因素，第7至第12个因素为国内非经济类因素，第13至第16个因素为国际类因素。

（1）基本经济因素分析

我提出的基本经济因素，包括需求、生产、收入、支出四种基本的经济活动。它们之间具有一种互为因果的变动关系。需求的变动会引起生产的变动，生产的变动又会引起收入的变动，收入的变动会引起支出的变动，支出的变动又会引起需求的变动。这四种基本经济因素互为因果的内在变动关系，构成了一个环形的因果链。我把这一因果链称为经济体系的核心因果链。核心因果链的运行，形成经济周期波动内在的、基本的核心波。核心因果链的运行具有自我累积性

① Michael P. Niemira. and Philip A. Klein. , *Forecasting Financial and Economic Cycles*, John Wiley and Sons , Inc. ,1994: 44.

和自我转折性。

所谓自我累积性，是指核心因果链的运行，无论是向上的扩张运行还是向下的收缩运行，都是一个自我累积、自我放大的过程。比如，在向上的扩张中，需求的一个初始扩张，无论是投资需求还是消费需求的扩张，都将引起生产的扩张。在生产的扩张中，投资品生产的扩张会引起消费品生产以及中间产品生产的扩张；而消费品产生和中间产品生产的扩张又会引起投资品生产的扩张。生产的扩张导致收入的增加。收入的增加又导致支出的增加。支出的增加又造成各种需求的进一步扩张。由此，在这一扩张过程中，整个社会经济活动都会活跃起来。一个初始的扩张，将形成核心因果链的一连串的累积扩张。这也就是经济学中的乘数原理和加速原理。同样，在向下的收缩中，一个初始的收缩，也会被累积和放大。

所谓自我转折性，是指核心因果链的累积扩张进行到一定程度时，就会有其扩张运行本身所带来的阻碍力量，使扩张向下转折。这主要有两个原因：一是核心因果链内部重大比例失调，二是资源供给恶化。就第一个原因来说，核心因果链的正常运行，要求在需求、生产、收入、支出各环节之间，以及每个环节内的各构成部分之间都要保持一定的、适当的比例关系。而在核心因果链的扩张运行中，由于需求、生产、收入、支出各环节之间以及每个环节内的各构成部分之间增长的不平衡，使其自身结构发生变化，从而引起一系列重大比例关系的失调。比如，一般说来，在现代机器大工业条件下，资本密集型的固定资产投资的增长快于消费的增长，使投资与消费之间的比例关系失调，也就是我们常说的积累与消费之间比例关系的失调。再比如，投资、生产的增长一般又快于居民收入和支出的增长，使产能和产量相对过剩，引起投资、生产同居民收入和支出之间的比例关系失调。同时，还会发生生产结构的纵向失调和横向失调。所谓生产结构的纵向失调，是指在较高生产阶段（上游）和较低生产阶段（下游）之间发生的失调，或者说在原材料、机器设备等生产资料生产与最终消费品生产之间发生的失调。一般说来，原材料、机器设备等生产资料的生产增长快于最终消费品的生产增长，使原材料和投资品工业过度发展，而消费品工业发展不足。所谓生产结构的横向失调，是指在同一层次的生产阶段，各种具体部门之间发生的失调。如在生产资料内部，加工工业的生产增长往往快于基础设施和基础工业的生产增长；在消费品内部，一些热门消费品的生产增长快于另一些消费品的生产增长。这致使一些部门过度发展，而另一些部门发展不足。核心因果链内部重大比例失调，将引致社会经济生活的紧张和紊乱，从而使其扩张运行向下转折。与此相对应，在核心因果链向下收缩的过程中，各种比例关系在一个较低的水平上逐步恢复和改善，为向上转折提供了条件。

我特别注意到，在现实的经济周期波动中，在核心因果链的运行向上转折时与向下转折时，具有不对称的特点。也就是说，在经济回升的“启动”时与在经济扩张的“刹车”时，具有不对称的特点。在市场经济条件下，往往是“刹车容易、启动难”。而在原有的计划经济体制下，则相反，往往是“启动容易、刹车难”。我通过分析指出，在市场经济条件下，企业是市场的主体，企业自主决策、自负盈亏。当经济波动处于低谷阶段时，企业的生产经营和财务状况面临困难，生产经营的预期前景和固定资产投资的预期前景都不被看好。虽然经济运行的各种比例关系在逐步恢复，但企业仍面临困难，对前景也缺乏信心。在这种情况下，企业会认为，扩大生产和投资不但无利可图，而且要冒风险。这样，企业利用自有资金或通过借贷来扩大生产和投资，以及银行放贷，都会极其谨慎。由此，经济向上转折的启动比较难。当经济累积扩张需要“刹车”时，企业和银行都唯恐“刹车”不及时而受损失，因此，经济向下转折的“刹车”比较容易。而在原有的计划经济体制下，企业不是独立的生产经营主体，企业的决策由政府确定，企业也不需要自负盈亏。在经济波动中，当需要向上转折的启动时，只要政府一声令下，各企业、各地区、各部门都会争先恐后地去争取资金，而不考虑资金使用的效益和风险。因此，经济向上转折的启动比较容易，而且经常是强回升。但当经济累积扩张需要“刹车”时，各企业、各地区、各部门都不愿意立即停止，唯恐先“刹车”者吃亏，都期望经济继续上涨，难以下决心进行调整和收缩。这样，经济向下转折的“刹车”就比较难。

在分析了需求、生产、收入、支出这四种基本经济活动之间互为因果的内在变动关系之后，我还指出，这四种基本经济活动的变动还会受到各种外生因素的影响。比如，需求的外生变动可源于消费者偏好的变化，政府的财政政策和货币政策的变化，新发明所提供的新投资机会，战争对需求的刺激，人口变动所引起的需求变动，国际市场上需求的变动等。生产的外生变动可源于原材料、能源等供给条件的突发性变化，如石油冲击、自然灾害的影响等。收入的外生变动可源于工资协议或工资制定的变化，政府分配政策的变化等。支出的外生变动可源于储蓄倾向、消费倾向、投资意愿的变化等。种种外生因素的作用，将通过需求、生产、收入、支出这四个基本环节，影响核心因果链的基本波。

（2）资源供给因素分析

我指出，核心因果链的扩张运行之所以会自我产生阻碍扩张的力量，除了以上分析的内部重大比例失调的原因外，还有一个重要原因就是，核心因果链在扩张运行中会内生地恶化资源供给状况。核心因果链的运行是在一定的资源供给条件下进行的，主要包括物力、财力、人力三大资源。资源供给因素可以从中长期和短期两个方面来考察。

从一个中长期内资源供给的水平来看，它是由一定时期内整个经济与社会的发展所决定的。资源供给水平形成一定时期内的潜在产出水平，即生产潜力线。生产潜力线具有较为稳定的长期增长趋势。生产潜力线有两种定义：第一种定义是，各种资源在“正常限度”的充分利用时，所能达到的产出水平；第二种定义是，各种资源在“最大限度”的充分利用时，所能达到的产出水平。在国际上，这两种定义都被使用。第一种定义的生产潜力线，构成一定时期内社会生产与资源供给能力之间的均衡中轴线。第二种定义的生产潜力线，构成一定时期内经济扩张的上限。我们经常采用的是第一种定义。

从短期内资源供给的具体环境状况来看，其变化则受到核心因果链运行的影响。这有三种情况：第一种，当资源处于闲置状态时，实际的社会生产低于生产潜力线，资源未得到充分利用；第二种，当资源处于正常的充分利用状态时，实际的社会生产位于生产潜力线上下；第三种，当资源处于过度利用状态时，实际的社会生产超过了生产潜力线，在一定时期内可供资源将处于紧张状态。当核心因果链的运行开始进入扩张阶段时，资源供给状况处于第一种状态。大量的现有闲置资源为经济的扩张提供了宽松的环境。随后，核心因果链的扩张运行将使社会生产接近生产潜力线，并在累积扩张中越过生产潜力线。这样，资源供给由第一种状态趋向第二种和第三种状态。资源的过度利用，使供给环境紧张与恶化，特别是一些重要资源将会形成瓶颈制约，如能源和钢材等重要原材料紧缺，交通运输紧张，机器设备超负荷运转，资金来源收窄，劳动力供给缺乏，等等。这些瓶颈最终将形成不可逾越的物质障碍，导致扩张的转折。与此相对应的是，在核心因果链向下收缩过程中，资源供给状况逐步缓解和改善，为向上转折提供了条件。

（3）经济参数因素分析

我提出的经济参数因素，包括产品的销售价格、生产成本与利润。生产成本又包括中间产品消耗成本、固定资产折旧成本、人工成本、资金成本等。中间产品消耗成本与中间产品价格密切相关，固定资产折旧成本与固定资产租用价格密切相关，人工成本与劳动力价格即工资密切相关，资金成本与资金价格即利率密切相关。所以，经济参数因素包含了一整套价格体系。在计划经济体制下，许多参数因素是由政府统一制定的，而不是由市场供求状况决定的。它们主要是作为经济核算的工具，对经济生活并不起调节作用。只有在市场经济体制下，这些参数因素才起到它们应有的调节作用。经济参数因素的变动可分为内生变动与外生变动两种情况。其内生变动是指，由核心因果链的运行状况内在决定的变动。其外生变动是指，由与核心因果链运行状况无关的其他原因所产生的变动。

从经济参数因素的内生变动来考察，它们会随着核心因果链的运行而变动。在经济扩张初期，核心因果链的运行刚刚从收缩阶段转折过来。这时，社会上有大量的闲置资源，产品的销售价格、生产成本、利润等均处于较低水平。在扩张初期，值得特别重视的是利率处于低水平。利率的高低，与投资关系密切。较低的利率，有利于投资的重新扩张。所以，在扩张初期，低利率以及由此所带来的投资复苏，成为扩张的重要发动因素。随着核心因果链的扩张运行，需求扩大，社会生产逐步向生产潜力线推进。这时，各种价格会在需求拉动和成本推动下上升。在整个价格体系上升的初始阶段，一般说来，产品销售价格的上升速度快于生产成本的上升速度，特别是快于工资的上升速度。工资的上升因契约关系的限制而滞后。产品销售价格的上升速度快于工资等成本的上升速度，意味着企业利润的扩大。在扩张初期和中期，产品销售价格的上升和由此带来的企业利润的扩大，进一步推动了企业生产的扩张，成为核心因果链累积扩张运行的重要加强因素。随着扩张的深入进行，社会生产接近和越过生产潜力线。这时，资源供给状况趋紧，中间产品价格、固定资产租用价格、工资、利率等都会迅速上升。对于某些部门的产品来说，当其市场需求受到限制，其销售价格的上升受阻时，各项生产成本的上升就意味着利润的下降。这时，中间产品价格、固定资产租用价格、工资、利率等的迅速上升以及由此所带来的利润下降，都会成为核心因果链扩张运行的重要阻碍因素。在核心因果链的收缩运行中，需求与生产下降，资源逐步闲置，产品销售价格、中间产品价格、固定资产租用价格、工资、利率、利润等都会下降。经济参数因素的下降，成为核心因果链累积收缩运行的重要加强因素。

从经济参数因素的外生变动来考察，它们也经常受到其他各种原因的影响而变动。产品销售价格的外生变动可源于政府的价格政策（如价格改革措施的出台），囤积居奇、哄抬物价、垄断地位、不正当竞争等市场秩序的混乱，需求与供给的突发性变化，国际市场价格的变动等。工资的外生变动可源于工资协议或工资制定的变化，政府的工资政策等。利率的外生变动可源于政府的货币政策等。中间产品成本的外生变动可源于技术与劳动生产率的变动，中间产品需求与供给的突发性变化等。利润的外生变动可源于政府的税收政策等。每种经济参数因素的外生变动，也都会对核心因果链的运行产生影响。

（4）经济发展因素分析

经济发展因素是指，由于经济发展阶段的不同及其相应的产业结构的不同而对经济周期波动的影响。经济的周期波动根源于现代机器大工业的产生和发展。在产业结构中，最重要的是以现代机器大工业为主的第二产业的变动。在工业化发展的不同阶段，现代机器大工业在国民经济中占有不同的比重，具有不同的地位与作用。产业结构的变化，特别是第二产业比重的升降，对经济周期波动的基本状态特征具有重要影响。我搜集了英国和美国关于三次产业发展和GDP波动的长期历史数据资料，对英国和美国的工业化发展历程、相应的产业结构变动特点，及其对经济周期波动的影响进行了考察。英国和美国的工业化发展大体经历了四个阶段：

第一个阶段：工业化初期，为19世纪初期到19世纪中期（19世纪60年代末）。

英国工业革命始于18世纪60—70年代，基本完成于19世纪30—40年代。在19世纪20年代，机器大工业在英国整个国民生产中起到决定性作用。1825年，英国爆发了第一次全面性的经济危机，由此开始了资本主义经济周期波动的历程。这一时期，英国产业结构变动的特点是，第一产业比重明显下降，退出首位，但还保持了约1/5的比重。第二产业比重迅速上升，并超过了第一产业。在工业生产内部，以棉纺织、毛纺织、食品等轻工业生产为主，轻工业成为这一时期国民经济发展的主导产业。第三产业比重有所上升，但较为稳定。产业结构的这种特点，反映在经济周期波动的基本状态特征上，使这一时期的波动与后面三个时期相比，呈现为中度波动的特征，即波动的幅度小于工业化中期，而大于工业化后期和后工业社会。

美国工业革命始于19世纪20年代，比英国约晚半个世纪。到19世纪中期，其产业结构变动与英国一样，第一产业比重明显下降，退出首位。第二产业比重上升，超过了第一产业，工业在整个国民经济中起到决定性作用。在工业生产内部，以轻工业生产为主。反映在经济周期波动的基本状态特征上，美国这一时期的波动与后面三个时期相比，呈现为中度波动的特征。

第二个阶段：工业化中期，为19世纪后期（19世纪70年代）到20世纪初期（20世纪30年代末，第二次世界大战前）。

这一时期，是世界第二次科技革命时期，美国赶超英国，成为世界第一大工业国。美国产业结构变动的特点是，第一产业比重继续下降。第二产业比重明显上升。电力、钢铁、化学、石油、汽车等重化工业取代轻工业成为这一时期国民经济发展的主导产业，重化工业的波动成为整个经济波动的主振波。第三产业比重在长时期内保持稳定。反映在经济周期波动的基本状态特征上，这一时期的波动与其他三个时期相比，呈现为强度波动的特征，即波动的幅度大于第一个时期，更大于第三、第四个时期。

在这一时期，英国产业结构变动大体上与美国一样，第一产业比重继续显著下降。第二产业比重继续上升，重化工业成为国民经济发展中的主导产业，成为整个经济波动中的主振波。第三产业比重上升到一定水平后，保持了一段时间的稳定，随后又显著上升。反映在经济周期波动的基本状态特征上，这一时期的波动也呈现为强度波动的特征。

第三个阶段：工业化后期，为20世纪中期（20世纪50—

60年代，即从第二次世界大战后到20世纪60年代末）。

第二次世界大战后，伴随战后的经济恢复与第三次科技革命，美国、英国等国家进入工业化后期。美国产业结构变动的特点是：第一产业比重继续下降。第二产业比重由略高于第三产业而开始缓慢下降。第二产业的内部构成与工业化初期和中期相比，有了重大变化。电子、家用电器等新兴产业逐步代替重化工业成为国民经济发展的主导产业。在第一产业和第二产业的比重同时下降过程中，第三产业比重上升，超过第二产业。这时，第三产业的内部构成与工业化初期和中期相比，也有了重大变化。在第三产业中，原来一直占据首位的商业，其比重已开始下降；金融业（包括保险业和不动产），特别是高技术水平的新兴服务业所占比重逐步上升。反映在经济周期波动的基本状态特征上，这一时期的波动与前两个时期相比，呈现为低幅波动的特征，包括波动高度下降、波动深度变浅、波动幅度明显缩小、扩张期延长。

在这一时期，英国产业结构的变动与美国基本相同。第一产业比重继续下降。第二产业比重微升后，开始微降。在第一产业和第二产业的比重同时下降过程中，第三产业比重上升。随着科技进步，英国第二产业和第三产业的内部结构也发生了深刻的变化。反映在经济周期波动的基本状态特征上，英国这一时期的波动呈现为低幅波动的特征。

第四个阶段：后工业社会，为20世纪 70年代之后。

自20世纪70年代起，美国、英国等国家开始进入后工业社会。美国产业结构变动的特点是（数据截至1992年）：第一产业占GDP的比重下降到仅为2%左右。第二产业比重明显下降。但在第二产业内部，微电子、新型材料、新能源、精密机械等高新技术产业迅速发展。第三产业比重明显上升，而且其内部结构发生了更为深刻的变化。从构成第三产业的四个部门（商业、服务业、金融业、政府部门）来看，商业的比重在下降，其比重在第三产业中由原来的首位到退居第三位；服务业的比重在上升，其比重在第三产业中上升到首位；金融业和政府部门的比重均上升。这一时期，电子计算机的迅速发展与广泛应用，信息革命的重大影响，带动着整个国民经济产业结构的优化与升级。反映在经济周期波动的基本状态特征上，与前三个时期相比，这一时期的波动进一步呈现为低幅波动的特征。这一时期，振幅又略有下降，是四个时期中振幅最小的。

在这一时期，英国产业结构的变动与美国基本相同。到20世纪80年代末，第一产业占GDP的比重下降到仅为2%，第二产业比重明显下降，第三产业比重明显上升。反映在经济周期波动的基本状态特征上，这一时期的波动进一步呈现为低幅波动的特征。这一时期的振幅也是四个时期中最低的。

在《中国经济周期波动的新阶段》一书中，我把我国工业化的情况与美英两国的情况做了一下对比。就我国的情况来看，中华人民共和国成立以来到20世纪70年代末，可视为工业化初期；80年代初之后进入工业化中期；21世纪第二个十年间可视为进入工业化后期。我国在工业化初期和中期这两个阶段的产业结构，与美英两国当年同期有所不同。在工业化初期，美英两国的工业是以轻工业的发展为主，而我国是以重工业的发展为主。在工业化中期，美英两国的工业转而以重工业的发展为主，而我国在进入20世纪80年代后，轻工业得到迅速发展，进入90年代后，轻重工业发展比较协调。这就使得我国的经济波动在工业化初期比美英两国当年同期表现得激烈；而在工业化中期，比美英两国当年同期表现得平缓。此外，还有一个重要因素——在工业化初期和中期，美英两国完全是市场经济，政府不干预经济生活，没有实行“二战”后那样的宏观调控。在市场经济的自发作用下，经济波动激烈。我国在改革开放之前，实行的是计划经济，但由于过于追求高速度，致使经济波动甚为剧烈。而改革开放之后，政府在宏观调控上有了很大改善，加之新的市场机制发挥了一定作用，使经济波动的幅度趋小。

（5）经济体制因素分析。

核心因果链是在经济体系一定的内在结构基础上运行的。在从经济体系的一个重要的内在结构——产业结构的角度，分析了对经济周期波动基本状态特征的影响之后，我进一步从经济体系的另外两个重要的内在结构——体制结构和组织制度结构的角度，考察它们对经济周期波动的影响。先分析经济体制因素。我把经济体制分为如下四种类型。

第一种，没有政府宏观调控的市场经济体制。美国、英国等国家在工业化初期和中期，其经济的周期波动就是在没有政府宏观调控的市场经济体制下进行的。在这种体制下，经济活动的主体是多元化的，是独立的企业与个人。在这种体制下，核心因果链中四种基本经济因素（需求、生产、收入、支出）的形成、变动及其相互作用，资源供给因素的形成、变动及其作用，一系列参数因素的形成、变动及其作用等，都是听任市场机制自发起作用。市场机制自发的盲目性，带来经济体系的不稳定性，使经济波动剧烈。这从美国、英国等国家工业化初期，特别是中期的经济剧烈波动即可看出。

第二种，高度集中的计划经济体制。这是我国改革开放之前的经济体制。在这种体制下，经济活动的主体是单一化的，实际上只有中央政府一个。在这种体制下，经济周期波动的形成机制表现为以下几方面的特点：首先，在经济参数因素方面。在这种体制下，一系列参数因素，其本身的形成及其变动，是由中央计划统一制定的，而不是由市场供求状况决定的。由此，这一系列参数因素既不起反映经济运行状况的晴雨表作用，也不起调节经济运行状况的杠杆作用。这就使政府对国民经济运行的管理失去了及时的、正确的信号系统，又使政府对经济活动的干预表现得直接而猛烈。其次，在组成核心因果链的四种基本经济因素方面。在高度集中的计划经济体制下，需求、生产、收入、支出这四种基本经济活动，也都是由中央计划统一控制的，其各方面都统一地“齐上齐下”。这就使每一次的扩张来得特别集中、特别强劲，又使随后的每一次收缩来得特别集中、特别猛烈。再次，在资源供给因素方面，由于扩张的集中与强劲，资源使用的无责任制、无效率和大量浪费，加之生产供给面的缺乏活力，使资源供给总是处于极度紧张的状态中，使每一次经济起飞后不久，即遇到资源的瓶颈制约而中止。总之，与没有政府宏观调控的市场经济体制下，那种经济运行的自发盲目性相对应的是，高度集中的计划经济体制下经济扩张的人为盲目性。这两种盲目性都会使经济波动激烈。

第三种，有政府宏观调控的资本主义市场经济体制。“二战”后，鉴于1929—1933年大萧条的严酷事实，西方主要资本主义国家都实行了有政府宏观调控的资本主义市场经济体制。在这种体制下，经济活动的主体是多元化的。但与政府宏观调控的市场经济体制相同，这里是在企业与个人这些独立和分散的主体的基础上，加进了中央政府这一主体。这种体制，一方面，可以在一定程度上克服纯市场经济体制下经济运行的自发盲目性；另一方面，又可以在一定程度上防止纯计划经济体制下经济扩张的人为盲目性。这种体制，主要是在市场经济的基础上，中央政府通过一系列经济参数因素对经济运行进行间接调节。从“二战”后美国、英国、德国、日本等国家经济波动的轨迹来看，其波动幅度的大大减缓，也得益于这种有政府宏观调控的资本主义市场经济体制。

第四种，社会主义市场经济体制。改革开放之后，我国开始向社会主义市场经济体制过渡，经济主体开始呈现多元化。这种体制，既为经济运行注入了原有计划经济体制下所没有的活力，又为实施政府的宏观调控创造了基础性的体制条件。从对经济周期波动影响的角度来说，社会主义市场经济体制与有政府宏观调控的资本主义市场经济体制相比：二者相同的地方在于，都是在市场经济的基础上，中央政府通过一系列经济参数因素对经济运行进行间接调控；不同的地方在于，在社会主义市场经济体制下，中央政府这一行为主体要比在有政府宏观调控的资本主义市场经济体制下起到更大的作用。改革开放以来，我国经济的增长力和稳定性增强，经济波动幅度明显缩小，这主要得益于打破了原有的高度集中的计划经济体制，开始向社会主义市场经济体制过渡。

（6）经济组织制度因素分析。

这主要指市场组织制度、金融组织制度、企业组织制度这三大组织制度。它们是经济体系中更微观的一层内在结构因素。“二战”后，随着现代科学技术的飞速发展和工业化进程的纵深推移，这三大组织制度的成熟程度大大上升，从而对增强经济的稳定性，缩小经济波动的幅度，产生重要的影响作用。

市场组织制度，包括市场交易活动本身的组织与管理、市场信息的传递、商品的存储与调运等。“二战”后，在西方主要发达国家，市场本身的组织发育程度迅速上升。与此同时，在信息传递方面，从手摇电话、有线电报，迅速发展到现代图文传真、电子邮件等。电子计算机的广泛应用与各种现代传媒的发展，信息高速公路的建设等，大大提升了市场信息的传递速度。加之现代交通工具的迅速发展，从畜力车、木制帆船到汽车、轮船等，大大加快了商品的调运速度，减弱了库存的作用，促进了“零库存”的实现。这一切，使核心因果链运行中需求与生产两大环节的衔接更加紧密，缩短了生产者与市场的距离，这为核心因果链的顺利运行创造了有利的条件。

金融组织制度在市场经济运行中具有特殊而重要的地位与作用。金融组织是否健全与稳定，金融活动是否规范，金融体系对整个国民经济是否有足够的控制能力，这些对于市场经济体制下经济的稳定发展有着关键性意义。“二战”

后，西方主要发达国家以中央银行为核心的现代银行体系的发展，促进了金融本身的稳定和经济运行的稳定。

在企业组织制度方面，西方主要发达国家的企业经历了由个人企业、合伙企业到股份公司，由私人垄断到国家垄断，由本国公司到跨国公司的发展过程。组织形式不断升级和成熟。大型企业，其规模不断扩大，实力大大增强。广大中小企业也在竞争中不断提高对经济周期波动的适应能力。这也促进了经济运行的微观基础的稳定。

（7）政策因素分析。

上文对六个经济类因素进行了分析。在分析中，也涉及一些因素的外生变动问题，但侧重点在于说明经济体系本身内在的变动，说明经济周期波动的内在传导机制和内在结构基础。在分析了六个经济类因素之后，我把视角转向影响经济周期波动的六个外生的非经济类因素。它们的变动，从其本身的性质来说，是独立于经济体系之外的。首先分析政策因素。政策因素是指政府在宏观调控和宏观经济管理中所使用的种种政策工具。在政策“工具箱”中，主要有：

财政政策。包括财政收入政策和财政支出政策。财政收入政策，主要是通过增税和减税来调节国家预算收入与企业收入、个人收入的分配关系。财政支出政策，主要是确定国家预算的支出总量和支出结构。财政政策将通过推进构成核心因果链的四个基本环节（需求、生产、收入、支出）的变动，来影响经济的周期波动。

货币政策。中央银行通过调整贴现率、调整法定准备金率和公开市场业务，来调节货币供给。货币政策将通过推进构成核心因果链的四个基本环节（需求、生产、收入、支出）的变动，以及通过推进利率这一重要参数因素的变动，来影响经济的周期波动。

工资政策。如西方主要发达国家政府在严重的通货膨胀下所采取的冻结工资政策，我国政府的工资改革政策等。该种政策将通过工资这一参数因素对核心因果链的运行产生影响。

价格政策。如西方主要发达国家政府在严重的通货膨胀下所采取的冻结价格政策，我国政府的价格改革政策等。该种政策将通过价格这一参数因素对核心因果链的运行产生影响。

产业政策。该种政策将通过经济发展因素，即推进产业结构的变动来影响经济的周期波动。

体制与制度改革方面的政策。这些政策将通过经济体制结构、经济组织制度结构的重塑与完善，来影响经济的周期波动。

政府的各项政策，通过上述各种机制，对于核心因果链的扩张运行与收缩运行，或者对于经济周期波动的基本波，具有重要的发动作用、加强作用或平抑作用。从对经济周期波动产生经常性的、短期性的重要影响来说，最主要的是财政政策和货币政策。当核心因果链在收缩阶段运行了一定时间后，政府可以采取“逆周期”的、扩张性的财政政策和货币政策，以结束收缩，发动扩张。这时，扩张性的政策成为经济扩张的重要发动因素。在核心因果链的扩张初期，政府可以采取“顺周期”的、扩张性的财政政策和货币政策，以进一步推动扩张。这时，扩张性的政策成为经济扩张的重要加强因素。当经济扩张到一定程度时，政府可以采取中性的财政政策和货币政策，或者转而采取“逆周期”的、收缩性的财政政策和货币政策，以防止经济的过度扩张，从而成为经济扩张的重要平抑因素，或成为向下转折的发动因素。总之，为了熨平经济的波动，政府应该在周期的不同阶段采取不同的财政政策和货币政策。在宏观调控的实际操作中，对各项政策出台时机的把握、方向与力度的把握等，需要政策制定者认真地审时度势、谨慎操作。

（8）政治因素分析。

这主要是指政府的大选、换届，以及重大的政治决策等。政治因素对经济周期波动同样具有发动作用、加强作用或平抑作用。政治因素的作用是通过采取有关的扩张性、收缩性或中性的经济政策体现的。这样，政治因素对经济周期波动的影响就不需展开说明了。我认为值得提出的是政府的大选、换届具有固定周期性，如四年一换或五年一换。这种周期性通过当届政府的政策对经济周期波动产生一定的影响，但这种周期性并不是决定经济周期波动的本源性原因。每一次政府的大选、换届并不一定都与经济周期波动的幅度相对应。

（9）心理因素分析。

经济体系的运行是人的有意识的行为。人的行为有其相应的心理基础。在经济生活中，人们在需求、生产、收入、支出等基本经济活动中的心理变化，人们对各种经济参数因素变动的反应，以及对种种外生因素变动的反应等，千差万别。但是，与经济周期波动相关的，是社会范围内的两种心理状态：一种是在经济扩张阶段，社会中乐观情绪占上风；

另一种是在经济收缩阶段，社会中悲观情绪占上风。这两种情绪会对投资需求、消费需求、生产活动等产生影响，对经济的扩张或收缩也会起到推波助澜的作用。

除了乐观情绪与悲观情绪这两种心理状态之外，心理因素还包括人们在经济活动中对未来事态变化的种种预期。人们在从事经济活动时所注意的，不仅是一些即时的、既定的因素，如现期的价格、现期的成本、现期的政策等，还有一些在未来会起作用的因素，如预期的未来利润、预期的通货膨胀、预期的政策变化等。某种社会性的、普遍的预期一旦形成，往往会对未来事态的发展产生重要的影响。

（10）科学技术因素分析。

这主要指科学技术的发展，生产工艺上的技术革新等。对于经济周期波动来说，科学技术因素的变动是外生的。科学技术因素对经济周期波动的影响可以分为长期性影响和短期性影响。

长期性影响：一是通过产业结构因素，即通过提高产业结构的档次而影响经济的周期波动；二是通过资源供给因素，即通过提高劳动生产率、提高资源利用效率、提高产品的高科技含量等，来提高资源供给水平，缓解资源瓶颈制约，使生产潜力线向上移动，延长经济波动的扩张期，从而对经济周期波动产生影响；三是通过经济组织制度因素，即通过提高经济组织制度包括管理方面的成熟度和现代化水平，来影响经济的周期波动。科学技术因素的这些长期性影响，对于增强经济体系的内在稳定性，缩小经济波动的幅度，具有重要的意义。

短期性影响主要表现在，在经济周期波动由收缩阶段向扩张阶段转折时，重大的科学技术发明及其应用，通过刺激与扩大投资，会成为经济扩张的重要发动因素。在经济扩张阶段，重大的科学技术发明及其应用会成为重要的加强因素。

（11）自然因素分析。

这主要是指气候的变化、自然灾害等。气候的变化主要是通过对农产品收成的影响，改变短期内的农产品供给状况，而对经济周期波动产生影响。农业的丰收，可以成为经济周期波动中扩张阶段的一个重要发动因素、加强因素；农业的歉收，可以成为经济周期波动中扩张阶段的一个阻碍因素或收缩阶段的发动因素、加强因素。特别是在一国农业占比较大时，气候的变化会对经济周期波动产生较大的影响。

（12）人口因素分析。

这主要是指人口的增减变化。人口的变化，主要是通过消费需求，通过劳动力供给等因素，影响经济的周期波动。人口的变化有两种：一种是人口的自然增减变化，另一种是人口的地区性流动。就人口的自然增减变化来说，一些经济发达的国家，其人口增长处于停滞或下降状态，这会使社会消费需求总量的增长平稳或减缓，从而成为使经济周期波动趋向平稳的一个重要因素。与此同时，在这些国家，劳动力的供给成为经济扩张的一个重要制约因素。就人口的地区性流动来说，人口的流入可以扩大市场需求，增加劳动力供给，促进经济回升与扩张。

（13）国际战争因素分析。

在对国内的六个经济类因素和六个非经济类因素进行了

分析之后，我把分析的视角转向四个国际因素，它们是来自国外的种种外在冲击。国际战争有两种类型。一种是世界性大战。两次世界大战均对经济造成了严重的破坏，打乱了原有的经济周期进程。另一种是局部性战争。这种战争，对于受害国来说，会严重破坏经济的发展；对于受益国来说，通过刺激军事需求，形成虚假的繁荣，即所谓“战争景气”，借以延长经济波动的扩张期，延缓或逃避经济衰退。比如：20世纪50年代的美朝战争，刺激了日本景气；20世纪60年代中期的美越战争，刺激了美国景气，使美国在1966—1967年躲过了一次危机，大大延长了经济的扩张期，形成了1961—1970年近10年（117个月）的一个周期。

（14）国际供给因素分析。

国际供给因素主要是通过资源供给因素，影响各国的经济周期波动。这可以有“正冲击”和“负冲击”两种情况。所谓国际供给“正冲击”，是指出于种种原因，如世界性农业丰收、某种重要资源的发现和开发等，使资源供给状况有了突然的、有利的改善，从而对各国的经济扩张起到有力的推动作用，成为经济扩张的重要发动因素或加强因素。所谓国际供给“负冲击”，是指出于种种原因，如世界性农业歉收、某种重要资源的严重短缺及其价格暴涨等，使资源供给状况发生了突然的恶化，对各国的经济扩张起到严重的阻碍作用，成为经济收缩的重要发动因素或加强因素。比如：在1973—1975年、1978—1981年两次石油危机的冲击下，加之1972—1974年国际范围的严重自然灾害和粮食歉收等因素的冲击，美国、英国、德国、日本等世界主要发达国家均陷入了1973—1975年、1980—1982年两次严重的经济衰退。这是"二战"以来最严重的两次世界范围内的经济衰退。就美国的情况来说，经历了20世纪60年代延续长达10年的"繁荣"且没有出现经济的负增长之后，由于国际性的供给冲击等因素，又连续出现了经济的严重衰退和负增长。

（15）国际需求因素分析。

国际需求因素主要是通过投资需求或消费需求，影响各国的经济周期波动。这同样有"正冲击"和"负冲击"两种情况。所谓国际需求"正冲击"，是指出于种种原因，如世界新市场的开辟、原有市场的扩大等，国外的投资需求或消费需求有了突然的增长，从而对各国的经济扩张起到有力的推动作用，成为经济扩张的重要发动因素或加强因素。所谓国际需求"负冲击"，是指出于种种原因，如世界市场的萎缩，国外的投资需求或消费需求突然减退，对各国的经济扩张起到严重的阻碍作用，成为经济收缩的重要发动因素或加强因素。

（16）国际金融因素分析。

国际金融因素，包括汇率变动、国际股市变动、国际资本流动等突发性的重大变动，通过一国的进出口贸易、金融市场状况和投资需求等环节，影响其经济的周期波动。这也可以有"正冲击"和"负冲击"两种情况。国际金融"正冲击"，如国际资本集中流向某一国家或地区，将会对这一国家或地区的经济扩张产生重要的促进作用。国际金融"负冲击"，如国际金融危机的爆发，会给各国经济发展带来严重损害，阻碍经济扩张，成为经济收缩的重要发动因素或加强因素。我的《中国经济周期波动的新阶段》一书是1996年完成写作和出版的，其后，1997年爆发的亚洲金融危机，2007年爆发的美国次贷危机和随后的国际金融危机，都对世界经济的发展产生了严重的“负冲击”，也给我国的经济波动带来严重的负面影响。

四　西方经济周期理论30个流派的研究

在《中国经济周期波动的新阶段》一书中，我对形成和影响经济周期波动的各种可能因素从理论上进行了全面的、系统的分析。我注意到，在国际上，西方经济学者对资本主义市场经济条件下3～10年的中、短周期的研究，从19世纪初算起，至今已有200多年的历史，形成了许许多多不同的理论学派和模型方法，我们统称之为经济周期理论研究的各流派。这些流派，曾对经济周期波动的成因进行了极为广泛的分析，几乎涉及所有可能的因素。我们看到，有些流派之间的确存在着重大的分歧或差异，但又有许多流派在其分析中涉及许多共同性的因素，而他们之间的分歧往往是由于各自所强调的或所侧重的因素不同。在西方经济周期理论200多年的研究史中，包含着许多丰富的内容，特别是其中也包含着一些反映社会化大生产和市场经济一般规律的认识，这些是值得我们了解、研究和借鉴的。在《中国经济周期波动的新阶段》一书中，我对西方经济学者的经济周期理论进行了梳理，归纳出30种具有代表性的、有影响的理论学派和模型方法，称为三十大流派。这三十大流派按四个时期列出。这四个时期与前面分析经济发展因素时所划分的英国、美国等国家工业化发展的四个阶段大体上相对应，即分为工业化初期、工业化中期、工业化后期和后工业社会。不同时期的经济周期波动具有不同的特点，这决定了不同时期对经济周期波动的理论研究也有着不同的特点。我的梳理和研究重在说明各种流派在经济周期理论研究史的长河中所处的位置，他们的研究所侧重的主要因素，他们的基本思路和特点等。对西方经济周期理论各流派进行如此全面、系统的梳理和研究，在我国经济学界还属首次。

（一）第一个时期：工业化初期，为19世纪初期到19世纪中期（19世纪60年代末）

这一时期，是西方主要国家的工业化初期，是资本主义市场经济条件下经济周期波动的初期。这一时期，经济周期波动的特点是：经济波动正处于由过去不规则的和偶然的变动，向较为有规则的和不断重复的正常周期形式过渡；由过去局部性危机，向普遍性危机过渡。对于这一时期经济周期理论研究的主要特点，我归纳了两点：其一，人们对经济周期波动的研究仍处于早期阶段。虽然资本主义经济的周期波动已经历时半个世纪，但在这期间，古典经济学家对经济周期波动还没有进行专门的、系统的、全面的研究。其二，在经济周期波动理论研究中，占统治地位的是古典经济学的供求必然均衡论。这种理论否认资本主义市场经济条件下经济危机和周期波动存在的必然性，认为市场经济本身可以自行调节、自行均衡、自行解决危机。这一时期主要包括两种经济周期流派：供求必然均衡论和早期消费不足论。

流派之一：供求必然均衡论

主要代表人物有：英国的约翰·穆勒（John Stuart Mill.），法国的让·巴蒂斯特·萨伊（Jean-Baptiste Say.），英国的大卫·李嘉图（David Ricardo.）等。该流派侧重的是生产因素。最早提出供求必然均衡论的是穆勒。他认为，卖者即买者，供求必然均衡。最著名的供求必然均衡论者是萨伊。他认为，生产创造需求，供求自然均衡。他提出：商品与商品的交换，是一种生产物与另一种生产物的交换，因此，生产本身就为其产品创造了需求。由此出发，萨伊否认资本主义市场经济条件下普遍的生产过剩危机存在的可能性。在政策主张上，萨伊强调市场竞争的自动调节作用，反对国家干预经济生活。

流派之二：早期消费不足论

其主要代表人物有：法国的西斯蒙第，让·沙尔·列奥纳·西蒙·德（Sismondi，Jean Charles Leonard Simonde de.），英国的托马斯·罗伯特·马尔萨斯（Thomas Robert Malthus.）等。该流派主要侧重的是收入因素和消费因素。西斯蒙第反对供求必然均衡论，他肯定了资本主义市场经济条件下危机的必然性。他认为：生产决定收入，但生产本身不能立即转化为收入，只有产品实现之后才能转化为收入。收入决定着支出，支出决定着消费。收入和消费又决定着生产。由于占国民大多数的劳动者收入不足，引起消费不足，市场狭窄，产品实现遇到障碍，最终导致生产过剩的经济危机。西斯蒙第主张国家干预经济生活，要求政府来指导财富的生产、流通和分配。

（二）第二个时期：工业化中期，为19世纪后期（19世纪70年代）到20世纪初期（20世纪30年代末）

这一时期，是西方主要发达国家的工业化中期。资本主义市场经济条件下的经济周期波动已经历了一个多世纪的长过程。而且这一时期经济周期波动较明显的特点是：强度剧烈波动。这使生活在这一时期的经济学家们，不得不承认资本主义市场经济条件下确实存在着经济的周期波动，承认市场经济的不稳定性。对于这一时期经济周期理论研究的主要特点，我归纳了以下两条：

其一，这一时期是经济周期理论研究“百家争鸣”的“热闹”时期。在这一时期，各种流派的研究就已经涉及了形成和影响经济周期波动的一切可能的因素。其二，这一时期，占统治地位的经济思想仍然是古典经济学的市场自然均衡论，即认为市场经济本身可以消除其不稳定性，达到供求均衡。但这一时期的经济学者，面对长达一个多世纪的经济周期波动的现实，也在竭力探讨形成周期波动、造成市场经济不稳定的种种原因。这一时期，主要有11种经济周期流派，按三十大流派总排序为流派之三到十三。

流派之三：农业收成论或太阳黑子论

主要代表人物有：英国的威廉姆·斯坦利·杰文斯（William Stanley Jevons.）和美国的亨利·斯宾赛·摩尔

（Henry Spencer Moore.）等。该流派主要从农业收成丰歉因素出发，进而从气候以及宇宙变化等外生因素去寻找经济周期波动的成因。威廉姆·斯坦利·杰文斯将大体10年的英国经济与贸易活动的低落、10年左右的印度饥荒和谷物价格的高昂、10.45年的太阳黑子变动引起气候的变化这三者联系起来，论证英国经济周期波动的成因。该流派的观点反映了农业在国民经济中还占有相当重要的位置，以及人们对经济周期波动的研究刚刚开始时的认识。在当时，即使只在经济指标的时间序列中承认有经济周期的存在，也已是一种成就。

流派之四：纯货币论

其主要代表人物是英国的拉尔夫·乔治·霍特里（Ralph George Hawtrey.）。该流派抓住货币因素，认为经济周期波动是一种纯货币现象。霍特里认为，银行信用的扩张带动了生产、收入、支出的增长，需求的扩大又带动了价格上涨，进一步带动了订货和生产的增加，由此连锁地螺旋推进。当经济扩张到一定程度时，银行为防止疯狂的通货膨胀和货币制度的崩溃，急剧地提高利率，使信用扩张终止。在经济收缩阶段，由信用收缩开始，生产、收入和支出等又从反方向连锁地累积降落。银行信用的扩张、终止与收缩，是经济周期波动的唯一具有充分理由的原因。他主张，在重启经济时，信用扩张需要通过对流动资本和对商人的直接影响来发挥作用，而不是通过对固定资本投资的刺激来发挥作用，不需要借助大兴公共土木工程等激烈的手段。他提出，如果可以使货币流动稳定，就可以避免经济波动。

流派之五：货币投资过度论或生产结构纵向失调论

其主要代表人物是英籍奥地利裔经济学家弗里德里奇·奥古斯特·冯·哈耶克（Friedrich August von Hayek.，1974年诺贝尔经济学奖获得者）。该流派将货币因素与实际因素相结合，来解释经济周期波动的成因，认为经济周期波动不只是一种纯货币现象。该理论的主要脉络是：在经济扩张阶段，利率降低，信用扩张，而且固定资本投资的预期利润率大于当前的借款利率，投资有利可图，导致投资过度发展。由此，提高生产资料的需求，降低消费品的需求，会使生产要素的分配向生产资料工业倾斜。生产资料工业过度发展，而消费品工业发展不足，导致生产结构纵向失调。资金供给不能源源不绝，银行无力或不愿继续扩张信用，致使投资由前期的过度发展变为资金不足，未完工程不得不半途而废，已投入的资本有一部分也将丧失，繁荣趋于崩溃。从实体经济的深层看，消费品工业与生产资料工业争夺生产要素，导致繁荣走向崩溃。因此，单凭货币上的措施，不能避免危机，只能延缓危机。在收缩阶段，萧条是生产结构的一种调整过程。当萧条结束时，利率的降低与信用的扩张将会使经济扩张重新开始。新的经济高涨的到来，无须借助于新发明、新发现、农产品丰收等外生因素的刺激作用。

流派之六：非货币投资过度论或创新论

其主要代表人物有：德国的亚瑟·斯皮托夫（A. Spiethoff.），瑞典的古斯塔夫·卡塞尔（Gustav Cassel.）和克努特·维克（Knut Wicksell.），美国的阿尔文·汉森（Alvin Hansen.）和美籍奥地利裔学者约瑟夫·熊彼特等。

该流派以投资因素与技术革新、新发明等技术因素相结合来说明经济周期波动。其主要脉络是：在经济萧条时期的调整，会自动形成有利于固定资本投资恢复的局面，加上技术革新、新发明、农业丰收等外生的诱因，使投资扩张。随之，收入和支出增长。经济扩张过程像滚雪球一样的迅速。在扩张过程中，在四类商品的生产之间，失衡现象会有规律地发展起来。这四类商品分别是：日常消费品、耐久性消费品、耐久性资本品、原材料。在扩张过程中，经常发生生产过剩的是耐久性资本品和耐久性消费品。这又导致原材料的生产过剩。随着扩张的进行，可供投资的货币资金将不足，对资本设备的需求将降低，而资本设备的生产和供给却在不断地提高。生产过剩的资本设备，又由于劳动和消费品的不足而得不到利用。资本设备生产过剩加上消费品不足，导致了繁荣走向崩溃。经过萧条过程的调整，一种有利于恢复投资的局面会自动形成，但这并不足以打破萧条的僵局，而要借助于技术革新、新发明等外生因素的刺激。

在这一学派中，熊彼特以长、中、短三种周期相结合为基础框架的创新周期理论具有重要的影响。其主要观点有以下三个方面。

其一，关于创新与经济发展。熊彼特区分了发展与增长。他提出，仅仅是经济的增长过程，如人口和财富的增加所表明的经济增长过程，不能称作发展过程，因为它没有在本质上产生新的现象。他认为，经济发展是经济生活的一种本质性的、革命性的变化。他把创新定义为生产函数的变动，即生产手段的新组合；把发展定义为执行和实现生产手段的新组合。因此，只有源于创新，即源于生产手段新组合的经济变化，才是发展。熊彼特还区分了创新与发明。他提出，要把“创新”与“发明”区别开来。只要“发明”还没有得到实际上的应用，它们在经济上就是不起作用的，它们本身对于经济生活不产生任何影响。而“创新”则是能对经济生活产生质的影响的“生产手段的新组合”。这种“新组合”包括五种情况：第一，采用一种新产品，或产品的一种新特性；第二，采用一种新生产方法，或新商业方法；第三，开辟一个新市场；第四，获取或控制原材料的一种新供应来源；第五，实现一种新组织，如造成一种垄断地位，或打破一种垄断地位。这就是五种创新——产品创新、生产方法创新、市场创新、资源配置创新和组织创新。熊彼特把实现新组合的经济实体称为“企业”，把职能是实现新组合的人称为“企业家”。

其二，关于创新与经济周期的形成。熊彼特提出，经济发展不是直线式的发展，而是波浪式、跳跃式的发展。他以一个朱格拉中周期为考察对象，以创新为核心因素，分析了经济周期的形成。他提出，由创新的孕育、成功、云集、扩散，到创新的吸收、消化、清理、调整的过程，使经济体系呈现出繁荣与萧条两个阶段相交替的周期运动，或复苏、繁荣、衰退、萧条四个阶段相交替的周期运动。他还提出，创新不断地从内部使经济结构“革命化”，不断地破坏旧结构，不断地创造新结构。不是“革命”就是对“革命”后果的吸收，二者一起形成称为经济周期的过程。他把这个过程称为“产业突变的过程”，或称为“创造性毁灭的过程”“创造性破坏的过程”。一般说来，在经济学界对经济周期的研究中，常常把技术创新归为外生因素。而熊彼特将技术创新归为内生因素。他认为，创新由孕育、成功、云集、扩散，到吸收、消化、清理、调整的整个过程，与经济体系的复苏、繁荣、衰退、萧条相交替的周期运动过程是紧密相连、互相促进、互为条件的，也就是说，创新是经济体系的内生因素。

其三，关于创新与三种周期框架。熊彼特以创新为核心因素，在对朱格拉中周期考察的基础上，进一步引入了康德拉季耶夫长周期和基钦短周期，构建起长、中、短三种周期相结合的分析框架。他提出，一个康德拉季耶夫长周期包含六个期限为九年或十年的朱格拉中周期，一个朱格拉中周期包含三个期限大约为40个月的基钦短周期。他将长周期与重大的技术创新相结合，具体分析了三个长周期：①1783年至1842年，他称之为“产业革命”时代；②1842年至1897年，他称之为“世界上的蒸汽和钢铁时代”或“世界上的铁路化时代”；③1897年至20世纪20年代末（当时这个长周期尚未结束），他称之为“电气、化学和汽车”时代。对于朱格拉中周期，他提出，根据工业史，有可能指出其中造成经济上升波动和调整过程的个别工业和个别创新。而基钦短周期是一种适应性波动。

流派之七：制成品需求变动引致的投资过度论

其主要代表人物有：美国的约翰·贝茨·克拉克（John Bates Clark.）和库兹涅茨等。该流派侧重的是消费品需求因素。他们提出，生产过程分为无数相互衔接的各个阶段。从消费品出发，可以上溯到原材料和机器设备的生产。一般来说，从任何一种制成品出发，都可以上溯到制造该成品的原材料和机器设备的生产。这样，生产过程分为较低阶段与较高阶段。对较低生产阶段的需求称为初始需求。对较高生产阶段的需求称为派生需求。较低生产阶段制成品的价值量与较高生产阶段机器设备的价值量之间，有着一种技术性的比例关系：后者是前者的一个倍数。因此，较低生产阶段初始需求的一个微小变动，根据加速原理，将会在递增的强度下，传布到较高生产阶段的派生需求，引起派生需求激烈地加速变动。由此，使得经济周期波动中的扩张过程与收缩过程均成为一种累积性的过程。

流派之八：成本–价格–利润论

主要代表人物是美国的韦斯利·克莱尔·米切尔（Wesley Clair Mitchell.）。该流派侧重的是成本、价格和利润因素。该流派认为，在经济扩张中，货币成本（利率）、人工成本（工资）、原材料成本等会日趋上升，加之劣等生产条件的工厂也投入运营，更使产品成本提高。当预期销售价格低于生产成本时，预期的最低利润不复存在，工业生产受到抑制，导致萧条。在萧条时期，则产生相对应的成本降低的过程，预期利润提高，从而为复苏做好了准备。

流派之九：生产结构横向失调论

其主要代表人物是美国的弗兰克·陶西格（Frank Taussig.）。该流派侧重的是生产结构横向失调这一实际因素。该流派提出，在经济扩张过程中，生产结构会发生横向失调，即在同一层次的生产阶段，各种具体部门之间发生失调，这也将引起整个社会生产秩序混乱，导致普遍性的经济萧条。比如，在经济扩张阶段，住宅的需求（住宅建设、住宅装饰等）经过过度扩张，较之其他消费品需求已暂时得到一定的满足，人们的支出就用于其他消费品方面，如食品、衣物等。而食品、衣物等消费品的生产不需要那么多的建筑用钢铁及水泥。于是，在前期过度发展起来的住宅业，以及相关的钢铁业、建材业等行业将一起受到挫折，导致普遍的萧条。可以看出，生产结构的横向失调与纵向失调不是互相排斥的，而是可以共存的，并可以相互加强。

流派之十：负债过度论

其主要代表人物是美国的埃尔文·费雪（Irving Fishcr.）。该流派主要是对经济萧条发生的原因进行解释，将其归于负债因素。该流派认为，在经济扩张过程中，有大量可以获得高额利润的新投资机会，致使投资过度。而过度的投资主要是用借入资本来进行的，这就造成负债过度，即负债金额过大，超过可控制的限度。一旦需求减少，销售价格下降，最低利润消失，债务负担随即加重，导致债务清算，银行信用清偿，货币流通萎缩，经济陷入萧条。

流派之十一：近代消费不足论

其主要代表人物有：英国的约翰·阿特金森·霍布森（John Atkinson Hobson.），美国的瓦迪尔·卡钦斯（Waddill Catchings.），美籍德裔学者埃米尔·莱德勒（Emil Lederer.）等。消费不足论具有悠久的历史，它是最早解释经济周期的理论之一。近代消费不足论对于什么是“消费不足”，具有许多不同的见解。主要有以下六点：

第一，认为由于技术改进与新发明，由于资本积累，投资和生产会超过消费力。

第二，认为资金被贮藏起来，购买力从经济体系消逝，不能再转化为收入和消费。这样，“消费不足”等同于“通货紧缩”。

第三，认为由于人口增加、生产技术改进、资本存量扩充，生产量有一种长期增长的趋势。这就要求不断增加货币量，以创造必要的消费力。否则，消费品价格必然会下降，生产要素价格、工资也必然会下降，从而出现萧条。

第四，认为由于在现时收入内，储蓄比重过大，而用于消费的比重过小，产生消费不足。其根源在于收入分配的不均等。因为储蓄多数源于有巨额收入的人。而且在扩张过程中，收入是向这部分人倾斜的。这部分人的储蓄过度，引起消费不足。由此，收入均等是减少经济周期波动的一个手段。

第五，认为在经济扩张初期，生产资料工业首先发展，消费品工业滞后，使消费品供给不足，引起消费品价格上涨。于是，刺激对消费品的投资。当对消费品的投资完成后，消费品开始大量倾泻，充斥市场，致使消费品供给过度，而消费品需求不足，导致崩溃。

第六，认为在经济扩张阶段，工资的上涨速度在一定程度上落后于消费品价格的上涨速度，企业家能从中获得超额利润，从而刺激了投资，引起信用膨胀，导致了崩溃。

流派之十二：心理论

在许多西方经济周期理论中，都含有心理因素的分析。最为强调心理因素的经济学家有：英国的阿瑟·塞西尔·庇古（Arthur Cecil Pigou.）和弗雷德里克·拉文顿（Frederick Lavington.）。他们认为，在经济扩张阶段，人们会比较乐观，乐观促进了投资的增长，进一步推动了经济扩张。而在周期收缩阶段，人们则比较悲观，悲观导致投资的减少，加剧了收缩。心理论学者并不认为心理因素是一个独立的因素，而是认为在经济周期波动中，人们在对其他客观因素做出反应时，由于心理因素，而使这些反应变得更为强烈，也就是加强了这些反应的强度。由于这些反应被加强，从而变成“超常”反应，导致“乐观下的错误”或“悲观下的错误”。

流派之十三：米切尔–伯恩斯经济周期实证方法

19世纪末至20世纪初，频繁发生的经济周期波动，给社会经济生活带来了很大的不稳定性。为了预测经济的周期波动，对其进行实际度量的问题被提上了研究者的日程。在这方面，美国著名的经济周期专家韦斯利·米切尔及其所创立和领导的美国国家经济研究局（英文缩写为NBER），做出了重要贡献。美国国家经济研究局是一个民间的、非营利性、非党派性的经济研究机构，以对经济周期波动的定量研究而闻名。在米切尔之前，对经济周期波动的度量曾有美国哈佛大学1915年编制的著名的“哈佛晴雨表”，1917年发展为“哈佛指数”。从1919年起，哈佛指数定期在《经济统计评论》上发表。但在1929年大萧条来临时，哈佛指数预报的结果却是经济将继续扩张。美国国家经济研究局于1920年成立，1920—1945年米切尔为第一任主席。1937年，美国经济陷入了一场衰退。应美国财政部长的要求，米切尔和阿瑟·伯恩斯（Arthur Burns.）对衰退结束和复苏开始的转折时间进行了研究。他们从487个经济指标的时间序列中，选定了71个作为周期运动的统计指标，判断出波动转折的时间，并为后来的事实所证实。他们的基本思路是：利用各种经济变量在波动中的时差关系建立相应的分析指标。把经济周期波动作为一个在各经济变量、各部门之间扩散和传播的过程。“二战”后，在米切尔和伯恩斯的基础上，美国国家经济研究局的摩尔（G H Moore.）进一步发展了先行序列、同步序列、滞后序列指标，并提出了综合性的扩散指数等。20世纪60年代，美国商务部又提出了合成指数。在不断深入研究和方法创新的基础上，自20世纪70年代后期起，世界上许多国家都建立了宏观经济监测预警系统，为各国政府的宏观调控和广大企业的经营决策提供有益的参考。美国国家经济研究局在对经济周期波动进行实际度量方面，一个重要的成果是编制和发布了美国经济周期年表。该年表测定了从1854年开始到现在160多年中，美国各次经济周期的峰谷转折点的日期。

（三）第三个时期：工业化后期，为20世纪中期（20世纪50——60年代即从第二次世界大战后到20世纪60年代末）

在上一个时期，即工业化中期，西方主要发达国家的经济经历了剧烈波动，直至1929—1933年的大萧条，给资本主义经济以巨大的打击，粉碎了资本主义市场经济本身可以自行调节、自行均衡、自行解决危机的美梦。“二战”后，西方主要发达国家在战争恢复中和新的科学技术进步中，进入了工业化后期，竭力寻求经济稳定增长，平抑经济波动。在此大背景下，对于这一时期经济周期理论研究的主要特点，我归纳了以下三点：

其一，凯恩斯对古典均衡理论的“革命”，开创了这一时期新的经济周期理论研究。“二战”后至20世纪60年代末，是凯恩斯主义崛起，并占据经济理论界统治地位的全盛时期。凯恩斯主义把经济周期波动的原因归于工业化的私有经济和市场的严重缺陷，主张通过政府干预来熨平经济波动。其二，“二战”后，西方主要发达国家围绕工业化后期的经济稳定增长，特别是防止经济的严重衰退方面作研究，在凯恩斯主义的引领下，各主要流派着重研究了有关动态增长周期的理论和模型。其三，凯恩斯主义关于通过政府调节总需求来稳定经济和平抑波动的周期理论，被运用到西方主要发达国家政府的宏观经济政策中，推动了这些国家的经济在这一时期迅速而稳定的发展。这一时期，主要有九种经济周期流派，按三十大流派总排序为流派之十四到二十二。

流派之十四：凯恩斯理论

1936年，凯恩斯《就业、利息和货币通论》一书的出版，标志着凯恩斯主义和宏观经济学的创立。从总体上讲，凯恩斯把经济周期波动和发生危机的原因归于市场经济本身的缺陷，即市场经济本身的不稳定性。从具体因素上讲，他把形成经济周期波动和危机的直接原因归于私人投资的不稳定性。其主要脉络是：

第一，从就业问题入手，革传统的古典均衡就业理论之命。传统的古典均衡就业理论认为：在市场经济下，只存在“摩擦失业”和“自愿失业”这两类失业，而不会存在第三类的“非自愿失业”。所谓摩擦失业，是指由于劳动力供需的暂时性失调而产生的失业，如劳动者从这一职业转到其他职业时，暂时性的失业。所谓自愿失业，是指劳动者由于不愿意接受一定水准的工资而“自愿”的失业。所谓非自愿失业，是指劳动者愿意接受现行工资，但无工可做、无业可就，即社会不能提供充分的就业机会。传统的古典均衡就业理论提出，在劳动市场上，当劳动力的供求不均衡时，工资就会发生变动，通过工资的调节作用可使劳动力的供求重新恢复均衡。只要劳动者接受一定水准的现行工资，社会就不会出现“无工可做”的非自愿失业现象。然而，在1929—1933年的大萧条中，大批的非自愿失业者流落街头，景象惨不忍睹，给世人留下痛苦和难忘的回忆，也给传统的古典均衡就业理论和整个古典均衡理论以致命的一击。凯恩斯从大萧条所展示的现实出发，首先从理论上攻破传统的古典均衡就业论，指明市场经济下第三类失业，即非自愿失业的存在。

第二，产生非自愿失业的原因。凯恩斯阐明，产生非自愿失业的原因在于市场经济下有效需求的不足。有效需求由两部分构成：第一部分是社会总消费量，第二部分是社会总投资量。这两部分决定了社会就业量。当这两部分不足时，即有效需求不足时，实际就业量就会小于社会所可能有的劳动力供给量，即小于充分就业量。此时，社会的实际产量小于社会可能有的产量。一般说来，社会总消费量比较稳定，而投资量不稳定。这样，就业量随投资量而变动。产生非自愿失业的主要原因，在于当前新投资量的不足。

第三，投资量不足的原因与经济周期波动的主要原因。凯恩斯阐明，决定投资量的因素有两个：一是利率，二是资本边际效率。所谓资本边际效率，是指投资新资产而可预期的未来利润率。在经济扩张初期，人们对资本边际效率作出乐观的预期，推动了投资的扩大、投资品生产或固定资本设备的扩大、固定资本设备利用率或各种制成品生产的扩大。投资的过度扩张、投资品生产或固定资本设备的大量增加，将使投资的未来利润下降，从而导致资本边际效率下降。在经济扩张后期，当对资本边际效率的失望来临时，或幻灭感一经产生，其势是骤而奇烈的。由乐观情绪所支配的市场，突然变成被悲观情绪所充斥的市场。资本边际效率的突然崩溃，导致新投资的崩溃、失业的产生、危机的降临。经过一段时间之后，由于资本设备的使用、腐蚀或折旧等原因，资本设备又显得稀少，于是资本边际效率又上升，悲观情绪让渡给乐观情绪。资本边际效率变动的周期性，决定了经济波动的周期性。

第四，政策含义。凯恩斯认为，在自由放任的市场经济下，除非投资市场心理彻底改变，否则没有办法避免就业量的剧烈变动。然而，没有人可以预料这种彻底改变。他提出，不能把决定当前投资量的职责放在私人手中，要达到离充分就业不远的状态，唯一的办法就是把投资这件事情交给社会。但这并不是要实行国家社会主义，把社会上大部分经济生活包罗在政府权限以内，也不是要排除市场经济，而是让国家的权威与私人的策动力量互相合作。这样，既医治了失业疾病，又保留了效率与自由。他主张：当经济波动处于衰退阶段时，政府可以采取扩张性财政政策，降低税收，增加预算支出，以刺激需求，刺激私人投资和消费，扩大就业；而当经济波动处于繁荣阶段时，政府可以采取收缩性财政政策，提高税收，降低预算支出，以抑制通货膨胀。这就是凯恩斯主义的逆周期相机抉择政策。

流派之十五：萨缪尔森线性乘数–加速数动态周期模型

凯恩斯的《就业、利息和货币通论》奠定了新理论的基础，但它还需要进一步完善。凯恩斯理论属于比较静态化的分析。在完善凯恩斯理论的工作中，将其动态化是一个重要的方面。第一个对凯恩斯理论进行动态化完善的是美国的保罗·萨缪尔森。继之，具有代表性的还有：英国的尼古拉斯·卡尔多（Nicholas Kaldor.）、美国的埃弗塞·多马（Evsey David Domar.）、英国的罗伊·福布斯·哈罗德（Roy Forbes Harrod.）和约翰·希克斯（John R. Hicks., 1972年诺贝尔经济学奖获得者）等。先说明萨缪尔森的线性乘数–加速数动态周期模型。萨缪尔森对经济周期波动的分析，注重的是投资因素。凯恩斯在《就业、利息和货币通论》中只分析了投资变动对收入的乘数作用。萨缪尔森进一步将收入和消费变动对投资的加速作用引进来。他建立了一个线性的乘数–加速数数学模型。它是一个动态系统，是一个带有动态时滞结构的模型。其中，投资函数是一个二阶差分方程。乘数基于边际消费倾向，加速数基于特定时期的生产技术水平。这个模型的特性是：当有一个初始的外生因素扰动时，在不同的参数域下，动态系统可以产生增幅的发散振荡、减幅的衰减振荡和等幅的周期振荡。这就是说，在特定的参数域内，经济体系将呈现持续性的周期波动。

流派之十六：卡尔多非线性动态增长周期模型

卡尔多在凯恩斯《就业、利息和货币通论》的启发下，建立了动态的非线性投资函数和非线性储蓄函数。非线性投资函数呈“S”形曲线，非线性储蓄函数呈镜像“S”形曲线。这两条曲线，在不同的国民收入水平下，当商品市场不均衡时，做相反方向的运动。因此，经济体系能够产生国民收入的周期性振荡。由此证明，在没有任何初始的外在冲击下，经济体系可以自我产生周期波动。

流派之十七：哈罗德-多马动态增长周期模型

哈罗德和多马把经济周期波动问题与经济增长问题联系起来，都提出了经济均衡增长公式。学术界常把他们的研究联系在一起，称之为“哈罗德-多马增长模型”。他们注重的主要因素也是投资。在凯恩斯理论中，投资的扩大，增加的只是需求。这是短期分析。从长期、动态的角度看，投资一旦完成，将会增加社会生产能力。这个新增的社会生产能力必须有新的市场需求，使新投资引起的社会需求与之相适应。这样，政府就需要找到一个均衡的投资增长率，使新增需求与新增生产能力相当。多马按此思路，推导出均衡投资增长率为储蓄率乘投资效率。投资效率表示的是投资的潜在社会平均生产率，或者说每一单位投资所带来的生产能力的增长。多马论证，只有在这个均衡投资增长率下，生产能力才能得到充分利用，充分就业状态才能实现。在大于这个均衡投资增长率的情况下，需求的增长将超过生产能力的增长；反之，在小于这个均衡投资增长率的情况下，生产能力的增长将超过需求的增长。

哈罗德提出了三种经济增长率概念。第一种：有保证的经济增长率。这是意愿投资等于意愿储蓄时的经济增长率。这一增长率代表在没有政府调控的、自由放任的资本主义市场经济下，企业主所满意的投资水平。第二种：实际经济增长率。当实际经济增长率大于有保证的经济增长率时，呈现繁荣趋势，总需求将超过总供给；当实际经济增长率小于有保证的经济增长率时，呈现衰退趋势，总供给将超过总需求。第三种：自然增长率，也是社会最适宜的增长率。它是由劳动人口增长率和技术进步率所决定的。在没有政府调控的情况下，有保证的经济增长率是不稳定的，因为它受到企业主投资意愿的影响。哈罗德阐明，在自由放任的资本主义市场下，不存在能够确保达到社会最适宜的自然增长率的自动机制。因此，政府的职责就是要确保达到自然增长率所需的储蓄额。这项职责不仅在于实现经济周期的短期目标，而且要作为一项长期政策来达到最适宜的储蓄率，以保证充分就业的实现。

流派之十八：希克斯非线性乘数-加速数动态增长周期模型

英国的约翰·希克斯在经济周期分析中注重的也是投资因素。投资由两个部分组成：一部分为引致投资，即由于收入变动或消费变动所引致的投资；另一部分为自发投资，包括固定资本折旧的投资、外生的政府投资等。在其模型中，自发投资以外生给定的增长率呈指数型增长。这样，其模型便成为一个增长周期模型。另外，在其模型中，扩张阶段和收缩阶段使用的是不同的投资函数，即在周期波动的不同阶段，加速数是不同的。该模型的主要脉络是：第一步，自发投资增长，可以是固定资本折旧投资的增长，或是外生的政府投资的增长；第二步，由此引起收入的增长；第三步，通过加速原理，收入增长引致投资发散性地放大；第四步，通过乘数原理，投资扩张使收入进一步增长，并逐步达到上限；第五步，收入的增长率受到资源能力的限制，根据加速原理，引致投资逐渐回落；第六步，收入的绝对水平下降，生产能力过剩，乘数和加速数在反向起到放大作用；第七步，收入回落到下限；第八步，收入在下限运行一段时间后，自发投资增长，对引致投资产生了一个诱因，一个新的周期开始。在其模型中，自发投资的增长是诱导经济体系重新扩张的重要外在刺激因素。这进一步论证了凯恩斯由政府投资来拯救衰退的主张。

流派之十九：梅茨勒存货投资周期模型

美国的劳埃德·梅茨勒（Laoyd Metzler.）侧重的是存货投资因素。他构建了一个含有二阶差分方程的存货周期模型。这个模型可以通过存货的变化，产生经济的周期波动。其基本脉络是：在经济扩张阶段，生产量、收入和消费的上升，引起销售量的上升，使存货下降，从而使商人增加存货投资；存货投资的增加，连带使生产量、收入和消费继续上升，使销售量继续上升，存货又下降，从而使新一轮的存货投资增加。当扩张阶段推进到一定程度，销售增长率以及存货增长率将开始下降，导致生产量、收入和消费的下降，进而使存货继续下降。随着收缩的进行，各种下降速度逐渐放慢。当生产量、收入、消费有了新的增长时，销售量开始上升，由此进入一个新的周期。

流派之二十：菲利普斯曲线

凯恩斯在《就业、利息和货币通论》中，对货币工资的变化没有做出统一的、明确的解释。“二战”后，随着人们对通货膨胀问题的普遍关注，在英国从事研究的新西兰经济学家奥尔本·威廉·豪斯戈·菲利普斯（Alban William Housego Pillips.），从经济周期波动中失业率与货币工资变化率的关系入手，为分析通货膨胀提供了一种新的方法。他根据1861—1957年英国的实际数据，分几个时间段，将各年份失业率与货币工资变化率的对应关系在坐标图上用散点图表示出来。坐标图的横轴为失业率，纵轴为货币工资变化率。就一个经济周期来看，各年份的散点连接起来，呈现出一条逆时针的环形线。在周期的扩张阶段，随着失业率的下降，货币工资变化率则上升，反映在这条环形线上的，是由右下方向左上方移动。而在周期的收缩阶段，随着失业率的上升，货币工资变化率则下降，反映在这条环形线上的，是由左上方向右下方移动。就若干个周期连续起来看，也就是从长期来看，各年份的散点图呈现出一条由左上方向右下方倾斜的、具有负斜率的曲线，它表明失业率与货币工资变化率的反向变动关系，这就是后来经济学界所称的菲利普斯曲线。

货币工资的升降，直接影响到价格的升降，即影响到通货膨胀率。当用通货膨胀率代替货币工资变化率作为纵轴时，这条菲利普斯曲线就能用来表明失业与通货膨胀之间的反向替换关系。这条曲线表明，在充分就业状态下，物价必然上升。而为了达到充分就业，得到较低的失业率，就要付出较高的通货膨胀率的代价。菲利普斯曲线提供了一种在失业和通货膨胀之间进行选择的“菜单”。它成为推行凯恩斯主义刺激需求政策的一种重要的分析工具。

流派之二十一：奥肯定律

奥肯定律说明的是，在经济周期波动中，失业与产出变化之间的关系。美国的阿瑟·奥肯（Arthur M. Okun.）将社会上仅存在摩擦失业、自愿失业和结构性失业（因产业结构和部门结构的变化而引起的失业），而不存在非自愿失业情况下的失业率称为自然失业率。自然失业率代表着充分就业水平。与此相对应，在充分就业状态下所能达到的产出水平为潜在产出。奥肯定律说明，当实际失业率相对于自然失业率上升时，实际产出相对于潜在产出则下降，这时为经济周期的收缩阶段；而当实际失业率相对于自然失业率下降时，实际产出相对于潜在产出则上升，这时为经济周期的扩张阶段。简单地说，就是当实际失业率上升，实际产出则下降；而当实际失业率下降，实际产出则上升；二者呈反向变动关系。该定律揭示了失业与产出变动之间的替换关系，提供了一种在失业率和经济增长率之间进行选择的“菜单”。

流派之二十二：斯卢茨基和卡莱茨基随机经济周期模型

苏联的斯卢茨基（E. Slutzky）对经济周期行为的外生随机原因进行了统计研究。在不需要设立任何经济模型的情况下，他利用任意的、纯粹随机的时间序列，即可描述实际观测到的经济周期。他把按一定方式建立的纯粹随机时间序列，与1855—1877年这20多年间英国经济周期波动的实际时间序列作比较，发现二者之间具有很好的拟合关系。斯卢茨基的研究属于纯粹外生随机因素的研究，并未构成一种解释经济周期波动的理论基础，但他的思路为其他学者提供了一种新视角。

波兰的米恰尔·卡莱茨基（Michal Kalecki.）在斯卢茨基这一研究的启发下，也对经济周期波动中的随机因素进行了研究。他建立了一个具有投资时滞的经济周期模型。该模型含有两种投资时滞：一种是投资决策与新固定资本安置之间的时滞；另一种是过去的投资决策与其利润的实现之间的时滞。他利用美国的实际数据，对此模型得出一个估计式。然后，在估计式中添加正态分布的随机项。这一含有随机项的估计式的动态特性，很好地拟合了美国1866—1914年这近50年间实际经济周期的动态过程。

（四）第四个时期：后工业社会，20世纪70年代之后

这一时期，西方主要发达国家经过工业化后期阶段，步入后工业社会，经济周期波动呈现出新特点：

第一，随着现代科学技术的迅速发展、产业结构的优化和升级、市场经济本身的不断发育和完善等，经济体系的内在稳定性不断增强，经济体系的内生波动趋向缩小。

第二，在经济体系内在稳定性不断增强的同时，各种外在冲击，如政府的财政政策和货币政策，以及国际石油危

机、世界农业歉收、汇率变动等国际性供给冲击和金融冲击的作用突显出来。经济体系由于不断受到各种外在冲击而表现出新的不稳定性。

第三，经济新的不稳定性突出表现为严重的通货膨胀。凯恩斯主义关于通过政府调控总需求来稳定经济和平抑波动的周期理论及其相应的政策实践，作为几十年来占统治地位的传统理论和传统政策，时间一久，累积了严重的财政赤字、通货膨胀与经济停滞等问题。西方主要发达国家陷入了过去从来遇到过的“滞胀”困境。

在此大背景下，对于这一时期经济周期理论研究的主要特点，我归纳了两点：其一，经济周期研究再掀热潮。经济波动之中衰退的加剧、连续的振荡，打破了一度出现的“经济周期已经过时”的观点。其二，经济周期研究打破了凯恩斯主义“一统天下”的局面，各种新兴流派相继产生。在“滞”“胀”并存的情况下，凯恩斯主义的传统理论和传统政策无能为力、明显失灵。货币主义、供给学派、政治经济周期学派、理性预期学派、实际经济周期学派等新自由主义学派，连连向凯恩斯主义发起挑战。这是西方经济周期研究史上又一个“百家争鸣”的“热闹”时期。这一时期，主要有八种经济周期流派，按三十大流派总排序为流派之二十三到三十。

流派之二十三：货币主义

从20世纪60年代起，货币主义崛起，向凯恩斯主义提出了有力的挑战。货币主义的主要代表人物有：美国的米尔顿·弗里德曼（Milton Friedman.，1976年诺贝尔经济学奖获得者）和菲利普·卡甘（Philip Cagan.）等。货币主义把形成经济周期波动的原因归于外生的货币扰动。弗里德曼和卡甘等人提出，外生的货币扰动不是源于私人部门或资本主义市场经济本身，而是源于政府政策。他们认为，如果没有外生扰动，私人支出包括私人投资就会稳定，私人支出与产出、就业的自然增长率就会一致。在价格调整和工资调整滞后的情况下，由政府政策而产生的货币供给增长偏离其趋势的时高时低的交替运动，导致了产出与就业偏离其趋势的波动。弗里德曼采用计量经济分析证明，在历史上，货币供给量的变化先于经济周期波动向上和向下的大转折点。货币主义反对政府对经济生活的过度干预，反对凯恩斯主义那种逆周期的、不稳定的、相机抉择的财政政策，主张采取固定货币增长规则的、稳定性的货币政策，让货币按均匀的速率发行。自1979年以后，货币主义对美国和英国等西方主要发达国家的经济政策产生了重大影响。

流派之二十四：供给学派

20世纪70年代供给学派兴起，也向凯恩斯主义提出了有力的挑战。供给学派的主要代表人物是美国的阿瑟·拉弗（Arthur Betz Laffer.）、裘德·万尼斯基（Jude Wanniski.）、罗伯特·蒙代尔（Robert A. Mundell.，1999年诺贝尔经济学奖获得者）等。该学派侧重的是资源供给因素，在平抑经济波动方面强调增加总供给，着眼于改进中期经济增长。他们提出以下四种观点：

其一，供给是需求得以维持的唯一源头。没有供给就没有需求。其二，由于美国政府长期以来采用凯恩斯主义的刺激需求政策，导致消费膨胀、储蓄率下降、经济增长缓慢、通货膨胀加剧。其三，美国政府过度干预经济生活，给企业制定了许多规章制度，导致市场机制失灵，阻碍了企业投资的积极性，阻碍了资本的形成。其四，政府大量增加的社会福利支出，也削弱了私人生产性投资。

由此，该学派主张“供给管理政策”，包括：通过大幅度减税，刺激劳动与资本的供给，使潜在产出增加，从而促进经济增长，实现没有通货膨胀的充分就业均衡；减少政府干预，取消或放宽政府对企业制定的种种规章制度；大幅度削减政府的社会福利支出，减轻财政负担，保持预算平衡，增加私人生产性投资。该学派的政策主张，也曾被美国的里根政府、英国的撒切尔政府等西方主要发达国家的政府所采纳。

流派之二十五：政治经济周期学派

该学派是20世纪70年代兴起的又一个学派，也向凯恩斯主义提出了挑战。政治经济周期学派的主要代表人物是美国的威廉·诺德豪斯。该学派认为，政府的干预作为外在冲击，导致了经济的周期波动。实际表明，政府行为不是逆周期的，而是出于在选举中获胜的政治目的。当新一届政府选举获胜刚刚上台执政时，首先实行紧缩政策，如增税、减少政府支出、提高利率等，降低通货膨胀率，提高失业率。在下一次选举之前的一年多时间里，改而实行扩张政策，如减税、增加政府支出、降低利率和失业率等，以获得更多的选票。这就形成了头两年高失业率，后两年高经济增长率的周期波动局面。所以，政府行为不是消除了经济的周期波动，而是制造了经济的周期波动；不是逆周期的调节，而是为了下次选举获胜的调节。

流派之二十六：理性预期学派

20世纪70年代兴起的理性预期学派，也称新古典宏观经济学，是向凯恩斯主义提出挑战中的一个最重要的学派。其主要代表人物是美国的罗伯特·卢卡斯（Robert E. Lucas.，1995年诺贝尔经济学奖获得者）、托马斯·萨金特（Thomas J. Sargent.，2011年诺贝尔经济学奖获得者）、尼尔·华莱士（Neil Wallace.）、罗伯特·巴罗（Robert E. Barro.）等。该学派把形成经济周期波动的原因归于外生的货币冲击。最重要的是，该学派提出了政策无效性定理，作为反对政府干预的理论依据。该学派的主要观点如下：

其一，关于理性预期假设。“预期”这一概念，在经济分析中早已被使用。但是，对于预期的形成机制，在经济学中却还没有给出一个明确的说明。20世纪60年代初，美国的约翰·弗雷泽·穆斯（John Frase Muth.）将以往经济学界所使用但并未明确表达过的预期，按其不同的形成机理，归结为四类，并首次提出“理性预期”这一术语。这四类预期为：第一类，古典预期，是指对某一经济变量，其在现期对未来的预期值，等于其上一期的实际值。第二类，外推性预期，是指对某一经济变量，其在现期对未来的预期值，不仅依据其上一期的实际值水平，而且取决于其上一期实际值相对于再上一期实际值的变动趋势。第三类，适应性预期，是指对某一经济变量，其在现期对未来的预期值，不仅依据其上一期的预期值，而且要根据其上一期实际值对其上一期预期值的偏离作出相应的调整。以上三类预期均是凭借过去的经验对未来作出预期，而没有充分利用一切可能的信息对未来做出预期。第四类，理性预期，是指人们能够充分利用所得到的一切信息，对经济变量的未来值做出无偏的、合乎理性的预期。穆斯首次使用了理性预期概念，但在当时没有引起人们的重视。1972年，卢卡斯将理性预期概念引入宏观经济学的研究， 开创了一个重要的新学派。

其二，关于市场连续结清假设。该假设是指价格、工资、利率具有完全的伸缩性或足够的灵活性，而不具有刚性或黏性，当市场的供求受到冲击时，它们将立即做出反应，而不需要长期的调整时滞。这样，商品市场、劳动力市场、信贷市场将连续结清，使供给和需求重新达到均衡，不存在过剩供给或过剩需求。

其三，关于政策无效性定理。当政府采取扩张性货币政策时，货币增长的外在冲击到来，价格将普遍上升。但是，如果人们没有预料到此变化，那么人们将会产生一种价格幻觉：企业家首先观察到的，只是自身产品销售价格的上升；工人首先观察到的，只是自身出卖劳动力时工资的上升。在这种情况下，企业家的最优化行为是增加产出，工人的最优化行为是提供更多的劳动。当企业家和工人得到整个市场价格变动的真实信息之后，他们才认识到自身的判断错了。经过调整，他们重新恢复原有的产出和提供正常的劳动。以上情况是就一次性而言。就多次反复来说，人们不会持续地和系统地受骗出错，而会进行理性预期。在理性预期下，政府的政策冲击不会对产出和就业产生影响。因此，政府的政策作为持续性的、可预料到的政策，或者说在人们的理性预期下，是无效的；政府的政策作为随机性的、未能预料到的政策，或者说在人们的错误预期下，是有害的，是会制造波动的。这就是政策无效性定理。理性预期学派以政策无效性来反对政府对经济生活的过度干预。

流派之二十七：实际经济周期学派

该学派是20世纪80年代以来，在理性预期学派的基础上产生的。其主要代表人物是挪威的芬恩·基德兰德（Finn E. Kydland.，2004年诺贝尔经济学奖获得者）、美国的爱德华·普雷斯科特（Edward C. Prescott.，2004年诺贝尔经济学奖获得者）、约翰·朗（John Long.）、查尔斯·普洛瑟（Charles I. Plosser.）等。该学派强调的是，随机的实际因素的冲击导致了经济的周期波动。所谓实际因素的冲击，包括来自需求方面的冲击，如个人需求偏好的变化，政府需求的变化等，更重要的是来自供给方面的冲击，如技术进步带来的生产率的变动，生产要素供给的变动等。该学派认为，大多数宏观经济波动主要是由技术冲击的动态影响所造成的。当一个能提高生产率的技术进步的正冲击出现时，产量就会增加，从而使收入增加、消费增加、投资增加。投资增加使资本存量增加，这就进一步推动了产量、收入、消费的增加。生产者会发现，如果没有进一步的技术冲击，他们的资本存量与保持稳态增长所必须的资本存量相比，就会显得太多了。于是，他们减缓投资，使经济恢复到稳定增长路径。

流派之二十八：新凯恩斯主义

在传统凯恩斯主义连连遭受严峻挑战，以及新自由主义学派的政策也遇到困难的情况下，20世纪80年代以来，新凯恩斯主义兴起。其主要代表人物是：美国的约瑟夫·斯蒂格利茨（Joseph E. Stiglitz.，2001年诺贝尔经济学奖获得者），格里高利·曼昆（N. Gregory Mankiw.）、奥利维尔·布兰查德、斯坦利·费希尔、保罗·罗默（Paul M. Romer.，2018年诺贝尔经济学奖获得者）、劳伦斯·萨默斯［Lawrence Henry（“Larry”）Summers.］、珍妮特·耶伦（Janet L. Yellen.）、本·伯南克（Ben Shalom Bernanke.）等。新凯恩斯主义一方面继承了传统凯恩斯理论的基本观点，坚持市场本身具有缺陷，坚持市场非结清假设，主张政府干预，向新古典宏观经济学的市场连续结清假设和反对政府过度干预提出了挑战；另一方面，针对传统凯恩斯理论缺乏微观经济理论基础的弱点，进行改善，寻找市场缺陷的微观机制。新凯恩斯主义的代表人物提出，在不完全竞争的市场条件下，在商品市场上价格具有黏性，在劳动力市场上工资具有黏性，在信贷市场上利率具有黏性，因此，当社会上有效需求不足时，就导致产量下降、失业增加、私人投资不稳定。他们从微观市场上价格变动机制的分析出发，来说明宏观经济波动的成因。

流派之二十九：经济波动的混沌模型

其代表人物主要有：美国的斯图泽（M Stutzer.）、本哈比（J Benhabib.）、戴（R H. Day.）等。该模型是20世纪80年代发展起来的，是当代动态系统理论的最新研究成果之一——“混沌理论”在经济学中的应用，是非线性经济学的一项重要内容。所谓“混沌”是指一种不规则的波动状态。混沌理论在经济周期波动问题中的应用研究表明，对于一个非线性、非随机的确定性动态经济系统，在一定的初始值下，当参数在一定范围内连续变化时，该系统可以从稳定状态进入周期波动状态，再进入更高阶的周期波动状态，最后进入不规则的波动状态，即混沌状态。该模型所揭示的经济波动成因及其特征与理性预期学派的观点是相对立的。理性预期学派认为，经济波动是由随机的外在冲击造成的。在没有随机的外在冲击下，经济体系会自然地趋于稳定。而混沌理论认为，经济波动是内在形成的。在没有随机的外在冲击下，经济体系既会产生周期性波动，也会产生类似于随机行为的不规则波动。混沌理论研究了有规则的周期波动与不规则波动之间的转换及其转换条件。这两种波动都是经济体系内生的。也就是说，经济体系也会因其内部结构的变化而内在地产生随机性。混沌模型将确定性与随机性结合了起来。

流派之三十：经济波动的突变模型

代表人物主要有：美国的哈尔·罗纳德·瓦里安（Hal Rorald Varian.）、丹麦的布莱德（M C. Blad.）、澳大利亚的费希尔（E O. Fischer.）和詹莫尼格（W. Jammernegg.）等。该模型是当代动态系统理论的另一个最新研究成果——“突变论”在经济学中的应用。突变论在经济周期波动问题中的应用研究，是为了对波动中的突然跳跃即突变现象进行分析和分类。对于一些特定的数学函数，依据参数的变化，其几何图形呈现为折叠、尖点、燕尾、蝴蝶、椭圆形脐点、双曲形脐点、抛物形脐点等形状。这些形状被称为“基本突变”。其中，折叠与尖点两种突变形式很适合用于研究经济波动中的突变问题。突变论揭示的是，一个确定性模型中所能产生的最高的动态复杂性。在现代高速大型计算机的帮助下，当代动态系统理论及方法有了最新进展，但其主要应用在数学、物理学、气象学、生物学等自然科学领域。对于经济学领域来说，混沌理论和突变论为研究经济周期波动问题提供了新的但较复杂的研究工具和研究视角，尚待进一步探索。

五 中国经济波动与宏观调控的长期跟踪和滚动研究

对改革开放以来我国经济周期波动在状态特征上所发生的新变化的研究，属于总体性研究。对形成和影响经济周期波动的原因或各种因素的研究，以及对西方经济周期理论30个流派的研究，属于重要的基础理论研究。在进行这些总体性研究和基础理论研究的同时，我对中国现实的年度经济运行与波动，以及宏观调控实践进行了长期的跟踪和滚动研究，超前或及时发表对经济形势的分析和预测，提出相应的政策建议。这些现实问题的应用研究，有利于中国社会科学院发挥其作为党中央、国务院重要的思想库和智囊团的作用，更好地为中央宏观经济决策服务，为推动中国特色经济学的学科建设服务。这些现实问题的应用研究，也从中国经济运行、波动与宏观调控的研究视角，记述了中华人民共和国成立以来特别是改革开放以来经济发展与波动的轨迹，见证了中华民族伟大复兴征程中所进行的艰辛探索和走过的辉煌路程，展示了未来中国经济进一步走向繁荣与稳定、实现伟大复兴目标的美好前景。在对中国现实的经济运行、波动与宏观调控进行跟踪和滚动研究的过程中，我在一些重要时间节点上对经济形势分析和预测的研讨，以及提出的一些重要观点和政策建议如下。

（一）对1991年经济回升的研讨：中国经济将走出低谷困境

1989年和1990年我国经济波动处于低谷，是20世纪80年代以来我国经济增长率最低的两年。这种情况显示，我国经济在经过改革开放以来第一个十年的高速增长后，连续两年低增长，正处于一种大调整状态。在1990年低谷期对1991年经济走势进行展望时，国内外许多人持悲观态度。当时，国内经济学界普遍议论的一个问题是：中国经济能否走出低谷？在此背景下，1991年1月，新华社和中国社会科学院联合举办了一次研讨会，名为“中国与世界：九十年代中国经济展望”。在这次研讨会上，我根据对我国经济周期波动态势的把握，并根据我们数量经济与技术经济研究所课题组的模型测算情况，在发言时提出：1991年我国经济将走出低谷，由局部回升转入全局回升，全年经济将为中速增长。会后，我的发言由《瞭望周刊·海外版》1991年2月第7～8合期刊登，题为《当前国内经济形势的特点》。当时，香港《明报》的一名记者也参加了这次研讨会，他以《社科院专家乐观预测，今年经济将全面回升》为题，在1991年1月23日的《明报》上报道了我的预测。后来的实际情况表明，1991年我国经济走出低谷，进入回升，开始了新一轮经济周期。当时，我看到《明报》报道的标题后，心想：与其用

“乐观”二字，不如用“客观”二字。不过，与当时社会上特别是国际上的“悲观”观点相反衬，“乐观”二字倒也鲜明地表达出了我的观点。

（二）对1993—1996年宏观调控的研讨：“软着陆”的成功及中国菲利普斯曲线的变形

过去，我国经济增长一再出现“大起大落”现象。针对1992年至1993年上半年我国经济的“过热”运行，党中央、国务院从1993年6月开始，果断采取了以治理通货膨胀为首要任务的宏观调控。宏观调控排除了种种干扰，到1996年底，既有效地抑制了通货膨胀，又保持了经济的适度较快增长，避免了重蹈中华人民共和国成立以来“大起大落”的覆辙，这在中华人民共和国经济发展史上是没有先例的。与西方主要发达国家经常陷入“滞胀”困境相比，我国当时的经济运行充分显示出改革开放以来经济增长的活力。在此背景下，1996年底，我和刘国光合写了一篇论文，题为《论“软着陆”》。该文从宏观经济学角度，对1993年下半年至1996年底中央所实行的治理经济过热和严重通货膨胀的宏观调控政策进行了学术探讨和经验总结。该文引起中央有关领导同志的高度重视，其批示道：“这是迄今为止总结宏观调控经验的一篇最好的文章。”随后，《人民日报》在1997年1月7日理论版刊登了这篇文章，并加了以下编者按：“1993年下半年以来，我国实施了以治理通货膨胀为首要任务的宏观调控。经过三年多的努力，到1996年底，宏观调控基本上达到了预期目标，国民经济的运行成功地实现了‘软着陆’。

到底什么是'软着陆'，为什么要'软着陆'，怎么样'软着陆'，'软着陆'提供了哪些宝贵的启示，《论"软着陆"》一文深刻而通俗地回答了这些问题。这是迄今为止总结宏观调控经验的一篇最好的文章，值得认真一读。"该文刊登后，引起广泛的社会反响。该文提出："软着陆"是对经济运行状态的一种形象的比喻，即好比飞机经过一段飞行之后，平稳地降落到陆地上。"软着陆"的基本经济含义则是：国民经济的运行经过一段过度扩张之后，平稳地回落到适度增长区间。所谓"适度增长区间"是指：在一定时期内，由社会的物力、财力、人力即综合国力所能支撑的潜在的经济增长幅度。国民经济的运行是一个动态的过程，各年度间经济增长率的运动轨迹不是一条直线，而是围绕潜在增长能力上下波动，形成扩张与回落相交替的一条曲线。国民经济的扩张，在部门之间、地区之间、企业之间具有连锁扩散效应，在投资与生产之间具有累积放大效应。当国民经济的运行经过一段过度扩张之后，超出了其潜在增长能力，打破了正常的均衡，于是经济增长率将回落。"软着陆"就是一种回落方式。该文还提出：我国以往的"大起大落"，要害在于"大起"。过去，在经济的快速扩张中，经常是直到难以为继时才被迫调整。因此，及时"削峰"，即及时把控经济增长的峰位，是成功地实现"软着陆"的关键和先导。

在探讨和总结"软着陆"成功的同时，我特别对通货膨胀问题进行了深入的研究。因为改革开放之后，在1980年、1985年、1988—1989年、1993—1995年，随着经济的高速增长，我国几度出现严重的通货膨胀局面，这对我国经济和社会的稳定产生了极大的影响。经济增长与物价上涨的关系，是各国政府在实施宏观经济稳定政策中所必须把握的重要经济关系，这涉及菲利普斯曲线问题。我写了《论中国的菲利普斯曲线》一文（载《管理世界》1997年第6期）。该文首先归纳了经济学界常用的表明三对经济变量关系的三种菲利普斯曲线。第一种菲利普斯曲线，表明的是失业率与货币工资变化率之间的关系，可称之为“失业–工资”菲利普斯曲线。这是由当时在英国从事研究的新西兰经济学家菲利普斯于1958年最早提出的。第二种菲利普斯曲线，表明的是失业率与物价上涨率之间的关系，可称之为“失业–物价”菲利普斯曲线。这是由美国经济学家萨缪尔森和索洛于1960年提出的。第三种菲利普斯曲线，表明的是经济增长率与物价上涨率之间的关系，可称之为“产出–物价”菲利普斯曲线。这是后来许多经济学家所惯常使用的。

《论中国的菲利普斯曲线》一文主要以第三种菲利普斯曲线，即“产出–物价”菲利普斯曲线，研究了我国的情况，显示：改革开放之后，从整体上看，经济增长率与物价上涨率之间的关系呈现该种菲利普斯曲线所表明的同向变动的正相关关系。简单地说，在一个经济周期波动中，经济增长率上升，物价上涨率随着上升；经济增长率下降，物价上涨率随着下降。但是，我国的情况还显示：在这一基本的同向变动关系之上，菲利普斯曲线发生了陡峭型变形，即随着经济增长率的上升，物价上涨率的上升十分陡峭，使一般处于低位的菲利普斯曲线呈现向上直立的变形。这说明，在我国，影响物价上涨的因素除经济增长率之外，还有其他重要因素。也就是说，物价的严重上涨，菲利普斯曲线的陡峭变形，是各种因素共同作用的综合结果。该文利用我国实际统计数据，通过经济计量模型的定量分析和测算，找出导致物价严重上涨的五种主要因素：一是现实经济增长率对潜在经济增长率的偏离；二是物价上涨本身的滞后惯性；三是有关改革措施出台对物价的推动；四是粮食的丰歉；五是市场秩序尚不规范的乱涨价。这一研究的政策含义是：在我国目前条件下，在经济周期波动中，不是简单地探究存在与不存在菲利普斯曲线的问题，而是既要看到其存在，又要看到其陡峭型变形的特点。从宏观调控角度讲，“看到其存在”，就要求在经济波动的上升期，适度控制总需求，适度控制经济增长率，以防止通货膨胀的加剧；在经济波动的回落期，为了治理通货膨胀，就需要适度压缩总需求，适度降低经济增长率。“看到其陡峭型变形的特点”，就要求在适度调控总需求和经济增长率的同时，针对引起物价上涨的各种不同因素，采取相应的不同措施，实行综合防止与治理的对策。《论中国的菲利普斯曲线》一文在经济学界产生了较大影响，获第八届（1998年度）孙冶方经济科学奖。

（三）对1998—1999年启动经济的研讨：以长江流域为新增长区及直接启动最终消费

1993年下半年至1996年底，我国经济运行成功地实现了“软着陆”。但随后，由于1997年7月爆发的亚洲金融危机的冲击，以及国内的体制机制等，1997—1999年我国经济增长率持续下滑。为了启动经济，扭转经济增长持续下滑的局面，1996年5月至1998年7月，央行连续5次降息，但没有取得明显效果。学术界对如何启动经济展开了讨论。我发表了《论中国经济增长的速度格局》一文（载《经济研究》1998年第10期）。该文指出：对我国未来几年经济增长速度格局的把握，仍应以我国现阶段的适度增长区间为准。目前的启动，就是要使经济运行从现在处于适度增长区间的下限边缘，逐步推进到适度增长区间的中部、上限。我国地域辽阔，有着巨大的潜在国内市场，产业结构的梯度推移有着广阔的空间。这是东亚其他国家所没有的自然优势，也是我国潜在经济增长率可以在一个较长时期内维持较高水平的原因之一。据此，我提出启动经济要有新思路：将寻找新的经济增长"点"，改为寻找新的经济增长"区"，以"区"带"面"，寓"点"于"区"（"点"指行业，"区"指区域，"面"指全国）。具体来说就是，借助长江抗洪抢险之势，以长江流域作为新的经济增长区，参考欧洲莱茵河、多瑙河的治理与开发模式，集中加大对长江流域整治与开发的力度，带动我国经济跨世纪的增长。我指出，这样启动经济可以有机地做到8个"相结合"：①短期启动与长期发展相结合；②投资启动与消费启动相结合；③大面积解决就业问题与经济启动相结合；④"点"启动与"区"启动相结合；⑤政府主导作用与市场机制作用相结合；⑥国资与民资、财政融资与信贷融资、内资与外资相结合；⑦一般技术与高新技术相结合；⑧建设与环保相结合，在治理长江的同时，将长江流域建成我国美丽的大型旅游区。这些建议产生了一定的社会影响。《经济参考报》在1998年9月1日刊登了我的建议，题为《专家提出启动经济新思路——寻找新的经济增长区》；《经济日报》在1998年9月6日作了刊登，题为《专家提出——长江流域作为新的增长区》；《经济参考报》在1998年10月6日又进行了刊登，题为《以长江流域为新的增长区启动全国经济》。

1999年初，为进一步启动经济，我与王洛林、刘溶沧合写了一篇文章，题为《论如何进一步启动经济》（载《财贸经济》1999年第4期）。该文指出，我国当前经济运行中最主要的症结应归结为社会总产品的最终使用结构严重失调，即国民收入最终使用中消费与积累的比例关系严重失调。在改革开放以来20余年的经济高速增长中，虽然最终消费的绝对额在不断增长，但最终消费率（最终消费额占GDP的比重）却在不断下降，近几年来已下降到历史最低水平。在长期的高速增长中，这一问题逐渐扩大，最终成为社会再生产正常循环的严重障碍。据此，该文提出对策建议：控制国家投资、直接启动消费、减轻居民负担、增加居民收入、改革分配体制、理顺分配关系、带动社会投资、形成良性循环。该文先由《中国社会科学院要报》在1999年3月8日、9日和10日分3期刊载，上报中央，中央有关领导对此非常重视，并批示请相关单位进行研究。同年6月2日，国务院领导召开经济形势座谈会。我参加了这次座谈会。我根据《论如何进一步启动经济》一文的思路提出：应该把深化分配体制改革、提高居民收入、降低居民支出预期、直接启动消费等措施作为龙头措施。我具体提出，提高城镇居民收入主要包括三个层次。

一是普遍提高低收入者的收入，包括下岗、离退休、最低生活标准线以下的人员等的收入，更好地解决社会保障与社会稳定问题。

二是大幅度提高公务员和科教文卫等事业单位人员的工资水平。随着社会主义市场经济的发展，原有体制内人员实物性、福利性、统配性的分配内容，已越来越转向货币化、商业化、市场化，而原有体制下的工资结构尚没有得到根本改变，工资制度的改革严重滞后。现在的情况看来，只小幅度提高工资水平，不仅不能适应社会主义市场经济发展的需要，也无法对于启动消费起到作用。因此，现在是时候大幅度提高原有体制内人员工资水平了，应使工资结构、工资形成机制与社会主义市场经济的发展相适应。

三是与效益挂钩，适当提高国有企业员工的工资水平，尽快形成与社会主义市场经济相适应的企业激励机制。关于农民收入的提高，一方面是增收，另一方面是减负。减轻农民的各种负担，制止乱收费和各种摊派行为，能直接提高农民的可支配收入。我的建议引起国务院领导的重视。座谈会后，《经济参考报》在1999年6月9日刊登了记者对我的访谈录，题为《直接启动最终消费，制止经济下滑趋势》。《经济日报》也于1999年6月10日刊登了我在这次座谈会上发言的主要内容，题为《直接启动消费，促进经济发展》。1999年6月之后，中央进一步采取了包括大幅度提高公务员和科教文卫等事业单位人员工资水平在内的一系列措施，投资与消费双轮启动，特别是加大直接启动消费的力度。比如，1999年7月1日、2001年1月1日、2001年10月1日，中央连续三次提高机关事业单位职工基本工资标准。在中央所采取的扩大内需的积极财政政策与稳健货币政策的紧密配合下，我国经济增长率从2000年起停止了下滑趋势，出现平缓回升的迹象。

（四）对21世纪初经济运行的研讨：努力延长经济周期的上升阶段及五次宏观调控比较分析

2000—2002年，我国经济在抵御亚洲金融危机冲击和克服国内有效需求不足的过程中，出现平缓回升的迹象，这是非常难得的。从中华人民共和国成立以来历次经济周期波动的情况看，上升阶段往往过短，只有一两年时间，很快就由回升期冲向超速期，紧接着就转折为下降阶段，“大起”之后就是“大落”。为了吸取历史的经验教训，我写了《中国经济波动的新轨迹》一文（载《经济研究》2003年第3期），指出我们应努力走出一条新的向上走势中的平稳轨迹，即经济周期波动上行阶段的平稳轨迹。2003年11月召开的中央经济工作会议提出：“当前，我国经济发展正处于经济周期的上升阶段。”这是中央经济工作会议第一次使用“经济周期”概念对我国经济走势进行分析和判断。会后，我立即写了《努力延长经济周期的上升阶段》一文（载《人民日报》2003年12月18日）。该文指出：经济周期是指国民经济运行中所呈现的一起一落、扩张与收缩不断交替的波浪式运动过程。正确判断和把握经济走势，是正确实施与完善宏观调控的前提。中央经济工作会议提出当前我国经济发展正处于经济周期的上升阶段，这是对我国宏观经济运行态势的一个正确的、重要的判断。这一判断的政策含义是，对经济增长的良好势头必须倍加珍惜，通过完善宏观调控，上升阶段得以延长，良好势头得以巩固。我提出：为了延长经济周期的上升阶段，我们要确立正确的指导思想，防止急于求成、片面追求高速度的倾向。在宏观调控中，我们既要保持政策的连续性和稳定性，又要根据经济形势的发展变化，适时适度地进行调整；既要针对局部出现的过热苗头采取必要的调控措施，又要区别情况，避免“一刀切”；既要把各方面加快发展的积极性保护好，又要把这种积极性引导好和发挥好。总之，既要促进经济较快增长，又要防止速度过快导致大起大落。

从2003年下半年起，特别是2004年上半年，针对经济运行中出现的过热苗头或局部过热现象，中央见势快、动手早，及时采取了一系列控速降温的宏观调控措施。但是，那时在经济形势的判断上和怎样进行宏观调控上，经济学界存在许多不同意见，学者们展开了激烈的争论。当时，我归纳了15种具有代表性的观点：①中国经济已总量过热；②中国经济出现过热倾向；③中国经济出现过热苗头，出现朝过热发展的趋势；④当前某些领域存在局部投资过热；⑤经济运行已处于由局部过热到总体过热的边缘，宏观调控应结构性地有控有扩；⑥当前中国经济不是过热，而是偏冷特征并没有明显改变；⑦中国经济是正常的“热”，如果市场有需要，不管多热都不能称其为“过热”；⑧我国经济总体上不存在过热，不要轻言经济过热；⑨中国不可能发生严重的经济过热与通货膨胀，通过市场价格机制，供求会自动达到均衡；⑩过冷过热都不利，在当前情况下是怕冷不怕热，稍微热一点没有问题，但冷一点就会出问题；⑪不能简单地说经济过热或不过热，当前我国经济的实际运行情况要比用过热或不过热概括复杂得多；⑫当前通货膨胀的趋势已经很明显；⑬中国经济没有出现通货膨胀的基础；⑭我国目前之所以更多地运用行政手段，就是想保护经济的平稳增长趋势，现在行政手段多一些，并不是宏观调控政策的倒退；⑮这次宏观调控若依然坚持政府配置资源，采取审批等行政色彩较浓的手段，会是一种倒退。

与此同时，在海外，学者们对这次宏观调控的效果将会怎样的话题展开了激烈的争论。当时，我把这些学者分为两大派：乐观派和悲观派。其中，乐观派认为，中国政府这次采取降温措施要比十年前经济过热时早得多，宏观调控会使当前的经济增长持续更长的时间，为延长经济周期提供重要基础。悲观派则主要是担心，如果宏观调控造成经济的急剧减速，形成“硬着陆”，将会对世界经济特别是周边国家和地区的经济产生冲击。

在此背景下，2004年6月，我写了《我国五次宏观调控比较分析》一文（载《经济学动态》2004年第9期），该文章对改革开放以来五次紧缩型宏观调控进行了比较分析。这五次紧缩型宏观调控的时间段分别是：①1979年至1981年；②1985年至1986年；③1989年至1990年；④1993年下半年至1996年；⑤2003年下半年至2004年。与前四次宏观调控相比，第五次宏观调控在许多方面都具有新特点。正确认识当前宏观调控的新特点及新思路、新机制，对于全面贯彻中央一系列宏观调控决策具有重要意义。该文指出第五次宏观调控具有四个新特点。

其一，调控时所针对的经济运行态势不同。前四次宏观调控，针对的都是当时经济的全面过热或总量过热，每次经济增速的“大起”都是到了难以为继时，才不得不进行被动的调整。而第五次宏观调控针对的不是经济已经出现的全面过热或总量过热，也不是经济增速的“大起”，而是为了防止经济出现“大起”和“大落”，是见势快、动手早、未雨绸缪、防患于未然的主动调整。

其二，调控时的经济体制基础不同。前四次宏观调控都发生在原有计划经济体制逐步转型的过程中，而第五次宏观调控则是在我国社会主义市场经济体制初步建立之后的第一次紧缩型宏观调控。在市场经济条件下，利益主体多元化，从中央到各地方，从各种部门到各类企业，形成复杂的利益格局，给宏观调控增加了很大的难度。

其三，调控时所采取的主要方式和手段不同。第一至三次宏观调控主要采用的是行政手段。第四次宏观调控改变了过去单纯依靠行政手段的做法，开始注重运用经济手段和法律手段。而第五次宏观调控，从一开始就注重采用经济手段和法律手段，同时辅之以必要的行政手段，对症施策，确保宏观调控取得预期效果。

其四，调控时对外经济联系程度不同。国际对前四次宏观调控均不太关注，而第五次宏观调控引起国际上的广泛关注。这是因为随着改革开放的深入发展，我国的对外经济联系日益扩大。因此，中国政府怎样进行宏观调控，宏观调控的效果如何等问题，也在国际范围引起特别关注。

该文先由中国社会科学院办公厅以研究报告形式上报国务院，国务院办公厅秘书一局的《专报信息》以《改革开放以来五次紧缩型宏观调控的比较分析》为题，于2004年6月28日全文转载，获得中央领导高度重视和批示。该文还以《我国五次宏观调控比较分析》为题，于2004年6月29日在《经济日报》刊登（略有删减），并被广为转发，产生较大的社会影响。该文获得中国社会科学院2004年优秀决策信息对策研究类一等奖。

我国经过2003—2007年五年的努力，宏观调控取得明显成效。2008年4月2日，《人民日报》刊登了我的一篇文章，题为《五年来宏观调控的历程和经验》。该文指出，2003—2007年，党中央、国务院为促进经济平稳快速发展，围绕解决经济运行中的突出矛盾，大力加强和改善宏观调控。从经济周期波动的态势看，本轮周期已连续八年（2000—2007年）处于上升阶段，是中华人民共和国成立以来各周期中上升阶段持续时间最长的。这在新中国的经济周期波动史上是前所未有的。

在2000—2007年我国经济增长连续八年处于上升阶段中，特别值得提及的是，2005—2007年这三年间，我国经济总量连续实现了三大“超越”：按照国际货币基金组织的数据，我国国内生产总值2005年超过法国，上升到世界第五位；2006年超过英国，上升到世界第四位；2007年超过德国，上升到世界第三位。在此基础上，2010年我国国内生产总值超过日本，成为世界第二大经济体。2010年12月，我发表了《2010年中国经济走势特点与“十二五”时期经济增速分析》一文（载《2011年中国经济形势分析与预测》，社会科学文献出版社2010年12月）。在该文中，我将“中国经济总量首次超过日本，成为世界第二大经济体”作为2010年我国经济发展中一件具有标志性的大事。实际上，在2010年第二季度，我国国内生产总值就开始超过日本了。当时，海外媒体对此纷纷报道和发表评论。我在该文中引用了《纽约时报》2010年8月16日的一段评论：“中国经济在经历了几十年的高速发展之后，在2010年的第二季度超过日本成为世界第二大经济体，这是中国经济发展的一个里程碑。”中国经济总量超过日本早在意料之中，但成为现实后还是让人们感到激动。

（五）对高速增长阶段转向高质量发展阶段的研讨：改革突破口及中高速增长

改革开放几十年来，我国经济以每年近两位数的高速增长创造了世界经济发展史上的奇迹，如今我国已成为世界第二大经济体。2010—2012年，我国经济发展所面临的国内外环境发生了重大变化。从国际上看，世界经济已由国际金融危机前的“快速发展期”进入“深度转型调整期”。从国内看，经济发展已由“高速增长期”进入“增长阶段转换期”。2013年，在中国共产党第十八届中央委员会第三次全体会议召开之前，学术界就在新的历史起点上如何全面深化改革的问题，展开了热烈的研讨。我写了《论新一轮改革的突破口》一文（载《财贸经济》2013年第6期）。在该文中，我提出：新一轮改革应以加强法律制度建设作为突破口或重点任务，这是基于对社会基本矛盾的新认识和对改革所处新阶段的把握。我指出：改革是为了解放和发展生产力。经过几十年来经济的高速增长，到现在，解放和发展生产力的内涵已经发生了重大变化。如果说在过去几十年的改革中，解放和发展生产力的内涵主要是指推动生产力在量上的扩大，使生产力以更高的速度发展，那么，现在，解放和发展生产力的内涵已经改变为不仅是推动生产力在“量”上的适度扩大，而且是促进生产力在“质”上的提高，使生产力以更高的质量发展，也就是加快经济发展方式转变，把推动发展的立足点转到提高质量和效益上来。我认为，“使生产力以更高的质量发展”，要比“使生产力以更高的速度发展”更困难、更复杂、更艰巨。要做到“使生产力以更高的速度发展”，主要是通过改革，打破权力过于集中的原有体制的束缚，发挥市场经济的活力。当然，这也并不容易。而“使生产力以更高的质量发展”，不仅要通过改革继续打破原有体制的束缚，而且要在社会主义市场经济体制初步建立和初步完善之后，通过改革构建起一整套系统完备、科学规范、运行有效的制度保障体系。正如邓小平同志在1992年视察南方期间发表的重要谈话中指出的：“恐怕再有三十年的时间，我们才会在各方面形成一整套更加成熟、更加定型的制度。在这个制度下的方针、政策，也将更加定型化。”而在一整套制度保障体系中，最定型化、最有权威、最有效力的，就是法律制度保障体系。这也就是要求市场经济向着更高的发育和成熟程度升级。《经济参考报》2013年5月9日刊登了其记者对我的专访录，题为《把加强法制作为新一轮改革突破口》。这篇文章经删减后，于2013年6月13日发表在《人民日报》上。我作为第十二届全国政协委员，在2014年3月全国政协第十二届二次会议上，提交了《关于选择全面深化改革总突破口的提案》。《人民政协报》2014年3月3日刊登了我的这个提案。

在我国经济由高速增长阶段转向高质量发展阶段的过程中，潜在经济增长率会下降。关于我国潜在经济增长率下降的幅度问题，引起了国内外经济学界的激烈讨论。有观点是，潜在经济增长率的下降是一个大幅度的突变过程。国际上也有学者预言，2013年后，中国经济增长可能大幅放缓至5%或更低。在国际上，中国经济“恶化论”“崩溃论”“硬着陆论”“复苏夭折论”等说法再次涌现。我连续发表了几篇文章，如《不可忽视GDP——当前中国经济走势分析》（载《经济学动态》2012年第7期），《当前和未来五年中国宏观经济走势分析》（载《中国流通经济》2013年第1期），《我国经济进入中高速增长阶段》（载《人民日报》2013年10月14日），《中国经济增长由高速转入中高速》（载《经济学动态》2013年第10期）等，提出潜在经济增长率的下降可以是一个逐步的渐进过程，先由“高速”降到“中高速”，然后降到“中速”，再降到“中低速”“低速”，分阶段地下降。我仔细研究了国际经验，指出不同国家因其地域面积不同、人口数量不同、资源禀赋不同、国内外环境条件不同等，潜在经济增长率的下移可表现为三种不同的情况：第一种情况，有的国家表现为突变过程。如日本，从20世纪70年代中期开始，经济增长率由原来的年均9%

以上，下降为4%左右。第二种情况，有的国家表现为相对平稳的渐进过程。如韩国，经济增长率由20世纪60年代至70年代的年均9%左右，降到80年代至90年代中期的8%左右。再降到90年代后期的4%左右。第三种情况，有的国家，潜在经济增长率下降后，在一定时期随着科技发展等因素的推动，还可能重新上移。如美国，20世纪90年代由信息技术革命推动了潜在经济增长率的上移。我提出，国内需求的回旋余地较大，工业化、城镇化的纵深发展有一个逐步推移的过程，人口红利的下降也有一个渐进的过程，应该说，我们有条件使潜在经济增长率的下移平滑化。我的这些观点在经济学界产生了一定影响。从实际情况看，2010—2017年，我国GDP增长率分别为：10.6%、9.6%、7.9%、7.8%、7.3%、6.9%、6.7%和6.9%，基本上平稳下降，GDP保持了中高速增长。

六 《美国总统经济报告》法制化研究

《中华人民共和国宪法》第十五条明确规定：“国家实行社会主义市场经济。国家加强经济立法，完善宏观调控。”推进政府经济管理的法制化，依法实施和完善宏观调控，是我们坚持依法治国、依法执政、依法行政，促进国家治理体系和治理能力现代化的一个重要方面。为此，更多地研究和更好地借鉴发达国家市场经济的有关经验是十分必要的。早在1993年党的十四届三中全会通过的《中共中央关于建立社会主义市场经济体制若干问题的决定》中，就曾指出："从中国国情出发，借鉴世界各国包括资本主义发达国家一切反映社会化生产和市场经济一般规律的经验。"《美国总统经济报告》是美国联邦政府对于经济形势和宏观经济目标的分析与展望，阐述其国内外经济政策的权威性报告，是美国联邦政府经济管理法制化的一个重要体现。它由"二战"结束后美国的《1946年就业法》所创立，其内容又由《1978年充分就业和平衡增长法》所扩展。在最初的六年中，即1947—1952年，白宫要在每年初和年中向国会提交两次《美国总统经济报告》；自1953年至今，每年初向国会提交一次，已形成一个长长的系列。一般说来，每本《美国总统经济报告》长达数百页，前面几页是一份由美国总统签署的、简短的致国会的说明函，然后是该报告的主体，即在美国总统直接负责下，由美国总统经济顾问委员会撰写的长篇经济报告，一般谈及《美国总统经济报告》的内容，主要是指这个长篇报告。

1989年，我第一次接触到《美国总统经济报告》。当时，我在美国科罗拉多州博德尔经济学院进修。学院开设的"当代美国经济"课程，其教材就是该年的《美国总统经济报告》。从那时起，我每年都收存最新出版的《美国总统经济报告》。2000年和2008年我两次在美国考察时，都专门走访了白宫经济顾问委员会。我一直都想抽空仔细地、系统地研读一下该报告。但由于我的研究工作一直聚焦于中国经济波动与宏观调控问题，因此我一直没时间研究《美国总统经济报告》。近年来，我有了一点空余时间，就在"中国社会科学院创新工程学部委员创新岗位项目"中立了一个课题，名为“《美国总统经济报告》法制化研究”。开始这项研究时，我发现国内学术界对《美国总统经济报告》的研究并不多。特别是国内已有的很多研究，使用的一些资料都是第二手资料。比如《1946年就业法》和《1978年充分就业和平衡增长法》这两个重要的法律文件，当初在美国国会起草和通过时，都经过激烈的争论。那么，这两个法律的原始议案是怎样的？为什么引起激烈的争论？这些对于研究《美国总统经济报告》的创立和扩展是十分重要的。但国内的很多研究都没有拿到这两个法律的原始议案，相关情况都是引用的第二手转述资料，这就导致难以真切地把握当时的情况。我努力找到了这两个法律的原始议案，使这项研究得以顺利进行，并写出两篇论文：《〈美国总统经济报告〉法制化研究》（载《经济学动态》2017年第3期），《〈美国总统经济报告〉法制化研究之二——兼对“中国应取消GDP增长目标”意见的回应》（载《经济学动态》2018年第5期）。

（一）关于美国《1946年就业法》与《美国总统经济报告》的创立

我首先研究了美国《1946年就业法》。1929—1933年的大萧条，给美国经济以巨大的冲击，当时美国的失业率在20%以上。之后，“二战”期间，在战时经济的带动下，美国失业率逐渐下降。1945年初，“二战”即将结束。在美国，鉴于战时高额的军费支出即将被削减，加之大量的士兵将要退伍，人们十分担心大萧条会卷土重来，因此美国联邦政府急于寻找战后经济发展的对策。鉴于此，1945年1月4位参议员提出《1945年充分就业法》议案。经过激烈辩论和反复修改后，众议院和参议院通过了该方案，该方案于1946年2月20日由美国总统杜鲁门签署生效，成为法律，即《1946年就业法》。该法在法律上确立了美国联邦政府的宏观经济总体目标，即“促进最大限度的就业、生产和购买力”。美国联邦政府义不容辞的职责是，采取一切政策措施，实现这三大宏观经济目标。为了实现美国联邦政府的经济职责和宏观经济目标，该法创立了一个载体和两个组织保障。一个载体是，每年初美国总统要向国会提交《美国总统经济报告》。两个组织保障是，专门成立了白宫经济顾问委员会和国会有关美国总统经济报告的联合委员会。该法规定，《美国总统经济报告》的主要内容包括4个方面：①提出美国现有的就业、生产和购买力的水平，以及达到该水平所需要实行的政策；②对就业、生产和购买力的水平，提出近期的和可预见的趋势；③回顾上一年度美国联邦政府的经济项目，回顾相关的经济条件及其对就业、生产和购买力的影响；④提出实施项目规划，连同总统认为必要的或适宜的立法建议。白宫经济顾问委员会负责撰写《美国总统经济报告》，该委员会与其他政府机构不同，它不是主管某种具体业务的职能部门，而是比较超脱的顾问性机构。由此，总统有了一个具有法律地位的，正式、公开、权威的经济智囊机构。

我把《1946年就业法》与其前身《1945年充分就业法》议案进行了比较，发现在原议案中，要求总统每年初向国会提交的，并不是《美国总统经济报告》，而是《国民生产和就业预算》。《国民生产和就业预算》要求把充分就业目标定量化，即首先要求估算和确定劳动力规模及相应的“充分就业产量”，然后估算全社会“未来预期的投资和支出总量”。如果全社会“未来预期的投资和支出总量”不能达到“充分就业产量”的需要，那么美国联邦政府就要扩大其投资和支出，以刺激经济增长；反之，美国联邦政府就要缩减其投资和支出，以防止通货膨胀。原议案的提出，引起激烈的辩论。在针对原议案的辩论中，反对者主要提出，《国民生产和就业预算》带有明显的计划色彩，其源于凯恩斯主义的计划机制，在美国这样一个自由竞争的市场经济和私人企业制度下，这些做法违背了美国的自由社会基本信条。而支持者主要强调，20世纪30年代，在美国，充分就业和实际就业之间存在着巨大的、持久的缺口。数据表明，私人企业制度容易导致大规模的周期性的破坏。私人企业自行其是，不能提供充分就业。政府应该对就业负责任。鉴于20世纪30年代大萧条和“二战”期间战时繁荣给人留下的深刻印象，以及罗斯福新政和凯恩斯主义的影响，支持者和反对者最终都做了妥协，达成了共识。最后通过的《1946年就业法》，几乎对原议案进行了全面的改写。《1946年就业法》将原议案中总统每年初要向国会提交的、计划色彩很浓的《国民生产和就业预算》，改为计划色彩较弱的《美国总统经济报告》。该法取消了原议案要求在《国民生产和就业预算》中对宏观经济目标进行定量化的规定，在《美国总统经济报告》中提出一般原则性要求，即仅对宏观经济目标所能达到的水平及其趋势进行分析与展望，而不设定必须实现的数量目标。

《1946年就业法》在美国联邦政府经济管理方面具有开创性的意义。美国在1776年到20世纪30年代前半期的150多年中，其自由市场经济基本上是由市场这只“看不见的手”调控的。1929—1933年大萧条的严重冲击，及“二战”的战时经济，使“看不见的手”失去效力，随之，政府这只“看得见的手”的调控作用逐步增强。《1946年就业法》的诞生，标志着在自由市场经济条件下从法律上确认了政府对宏观经济稳定运行的责任。

（二）关于《1978年充分就业和平衡增长法》与《美国总统经济报告》的扩展

为什么到20世纪70年代中期，美国迫切要求对《1946年就业法》进行修订呢？为了解答这个问题，我进一步研究了《1978年充分就业和平衡增长法》的产生过程。《1946年就业法》通过后，从20世纪40年代后半期到70年代初的30来年间，美国失业率保持在较低且较稳定的水平，特别是从1961年2月至1969年12月，美国经济出现了“二战”后的第一次长期繁荣，历时达106个月。这其中的原因是多方面的，《1946年就业法》也起到了一定的作用。但到20世纪70年代中期，美国经济出现了新情况，累积了新问题，陷入了“滞胀”困境，低增长、高失业、高通货膨胀并存。1974年和1975年，美国经济呈负增长，失业率上升到8.5%，这是自《1946年就业法》颁布以来的最高失业率，而居民消费价格指数上涨了11%，达到了美国自1918年“一战”结束以来的最高水平。为应对日趋严重的“滞胀”困境，1976年初，参议员汉弗莱和众议员霍金斯提出《1976年充分就业和平衡增长法》议案，将其作为对《1946年就业法》的修订和扩充。经过两年多的激烈争论后，该议案经众议院和参议院通过，并于1978年10月27日由美国总统卡特签署生效，成为法律，名为《1978年充分就业和平衡增长法》。

《1978年充分就业和平衡增长法》最重要的修订和扩充是：对宏观经济总体目标进行了扩展，并提出在《美国总统经济报告》中设立明确的年度数量目标，也就是将宏观经济目标定量化。在《1946年就业法》中，总体目标是3项，即“促进最大限度的就业、生产和购买力”。而《1978年充分就业和平衡增长法》将总体目标扩展为9项：“促进充分就业，促进生产，增加实际收入，平衡增长，平衡联邦预算，充分的生产率增长，恰当关注国家优先重点，通过增加出口和提高农业、企业、工业的国际竞争力来实现贸易平衡的改善，以及合理的价格稳定。”总体目标的扩展，反映了在新情况下美国联邦政府所承诺的职责更加广泛，所要应对的经济问题更为复杂和多样。在《1946年就业法》中，仅要求在《美国总统经济报告》中对宏观经济目标所能达到的水平及其趋势进行分析与展望，但不将其作为联邦政府必须努力实现的年度数量目标。实际上，“促进最大限度的就业、生产和购买力”只是没有数量约束的定性目标。而《1978年充分就业和平衡增长法》提出，为实现总体目标，在《美国总统经济报告》中要设立明确的、具体的年度数量目标。该法提出7个年度数量目标：①就业；②失业；③生产；④实际收入；⑤生产率；⑥联邦支出占国民生产总值的比重；⑦价格。这样，就将宏观经济目标完全定量化了。该法还提出，年度数量目标分为短期目标和中期目标两种，同时，对失业率、通货膨胀率、联邦支出占国民生产总值的比重这三个重要目标在今后一段时期内的目标值及其实现的时间表进行了确定。

我把《1978年充分就业和平衡增长法》与其原议案《1976年充分就业和平衡增长法》进行了比较，发现原议案的一个突出内容是：与《美国总统经济报告》并行，要求美国总统同时再制订和提交一个《充分就业和平衡增长计划》。该计划要求从定量与定性的角度，提出若干年内可行的长期国家目标，以及实现这些目标的优先政策和项目，以此作为一个综合的蓝图，作为适于私人部门、联邦政府、州政府和地方政府行动的一个长期指南。1976年的这个原议案也引起了人们激烈的辩论。反对者认为1976年的原议案在很多方面承袭了《1945年充分就业法》议案的主张，认为1976年原议案的核心内容是对《1945年充分就业法》议案的复制。最后通过的《1978年充分就业和平衡增长法》在原议案的基础上进行了重大修改，完全删除了与《充分就业和平衡增长计划》有关的内容，而规定在《美国总统经济报告》中设立短期和中期两种年度数量目标。

（三）《美国总统经济报告》中宏观经济目标制定的法制化

我特别对《美国总统经济报告》中宏观经济目标制定的法制化进行了详细的考察。

（1）年度数量目标的设立及其排序的变化

《1978年充分就业和平衡增长法》提出，为了实现该法确定的总体目标，在《美国总统经济报告》中要设立明确的年度数量目标，也就是将宏观经济目标定量化。由此，从1979年至今，基本上每年的《美国总统经济报告》中都列出了一个年度数量目标表（仅在2013年《美国总统经济报告》中没有列出此表）。1979年《美国总统经济报告》中首次列出的年度数量目标表，被称为“经济目标”表，包括6个数量目标：①就业人数；②失业率；③消费者价格；④实际GNP增长率；⑤实际可支配收入；⑥生产率。在1979年以后的《美国总统经济报告》中，年度数量目标表所列出的目标有所增减，比如去掉了实际可支配收入、生产率等指标，增加了91天国库券利率、10年期国债利率等指标。需要提及的是，后来这些年度数量目标的排序发生了变化。从1979年至1985年的7年里，就业人数一直排在首位。而从1986年起，实际GNP增长率排在首位。1992年之后，实际GNP增长率改为实际GDP增长率，仍排在首位。从1996年起，新增加了名义GDP增长率，排在首位。由此，名义GDP增长率和实际GDP增长率排在前两位，随后是消费者价格，而就业人数排在消费者价格之后。

（2）年度数量目标的期限

《1978年充分就业和平衡增长法》提出，年度数量目标分为短期目标和中期目标两种：提交《美国总统经济报告》的该日历年和下一个日历年的年度数量目标，称为短期目标；随后3个日历年的年度数量目标，称为中期目标；合起来称为5年数量目标。在1979年《美国总统经济报告》中首次列出的年度数量目标表中，包含了1979—1983年共5年的目标。在之后的《美国总统经济报告》中，该表所列出的年数不断扩展，从5～9年不等，而2010年以后，扩展到13年，包括了短期、中期和长期的年度数量目标。

（3）三个重要目标的目标值及其实现的时间表

《1978年充分就业和平衡增长法》不仅提出设立短期和中期的年度数量目标，而且对失业率、通货膨胀率、联邦支出占国民生产总值的比重这三个重要目标在今后一段时期内的具体目标值，以及要求实现的时间表进行了确定。关于失业率，到1983年，以年龄为20岁及以上的范围计算，降低至3%或更少；以年龄为16岁及以上的范围计算，降低至4%或更少。关于通货膨胀率，到1983年，降低至3%或更少；到1988年，降低至0。关于联邦支出占国民生产总值的比重，到1981年，降低至21%或更少；到1983年及其后，降低至20%或更少。该法规定，如果有必要，美国总统可以对这些年度数量目标及其实现的时间表提出修改建议。但是从后来的实际情况看，这些目标值都过于乐观了，均未能如期实现。

（4）年度数量目标的性质及其变化

1979年首次列出的年度数量目标表，称为“经济目标”表。随后，该表的名称发生几次变化，反映出这些数量目标的性质的变化。该表名称和性质的变化，可分为以下四个阶段：

第一阶段，1979—1980年，为期2年，该表的名称为“经济目标”表。在1979年《美国总统经济报告》里列出的第一张“经济目标”表中，1979—1983年这5年的目标分为3

种不同的性质：第一种，1983年失业率降至4%和通货膨胀率降至3%的目标，是法定性目标，即在新法中直接规定的具体数值目标。第二种，1979—1980年两年的短期目标，是预测性目标，即在未来两年，对于总统在1979财年和1980财年提出的预算政策，以及1978年10月24日已宣布的反通货膨胀措施，经济运行将会作出什么反应。也就是说，在政府的宏观经济政策已确定的条件下，经济运行将会作出什么反应。第三种，1981—1983年的中期目标（除1983年失业率和通货膨胀率两个法定目标外），是预计性目标。该年《美国总统经济报告》特别指出，1981—1983年的中期目标不是预测，而是预计，即在实现新法已确定的1983年失业率和通货膨胀率目标的条件下，对所需要的经济运行进行的预计、设计或规划。总的来看，1979—1980年的“经济目标”表是以实现法定性目标为主要特征的。

第二阶段，1981—1983年，为期3年，该表的名称改为“经济预计”表或“经济目标预计”表。到1981年，失业率和通货膨胀率不仅没有下降，反而严重上升。新法所规定的到1983年失业率降至4%和通货膨胀率降至3%的目标过于急迫，过于雄心勃勃，不可能实现。于是，1981年《美国总统经济报告》将实现失业率和通货膨胀率法定目标的时间表不定期地往后推延了，并强调要以更加渐进的路径去实现这两个目标。在该年所列出的年度数量目标表中，第5年（1986年）的失业率和通货膨胀率目标已不再是原来的法定目标，1982—1986年这5年内各年的目标均是在以更加渐进的路径实现原法定目标的条件下，对经济运行所做的预计、设计或规划。由此，该表的名称改为“经济预计”表。1982年和1983年《美国总统经济报告》中的年度数量目标表与1981年的情况相同。总的来看，1981—1983年的“经济预计”表是以预计性目标为特征的。

第三阶段，1984—1991年，为期8年，该表的名称又改为“政府经济设想”表。到1984年，失业率仍处于高位，通货膨胀率也下降得很缓慢，新法所规定的失业率降至4%和通货膨胀率降至3%的目标仍难以实现。在1984年《美国总统经济报告》所列出的年度数量目标表中，1985—1989年各年的目标既不是预测（因为这些目标不是在政府早已确定的宏观经济政策条件下，经济运行将会作出的反应），也不是原来的法定目标（因为法定目标的实现已遥遥无期），而被称为“设想”。按照该年《美国总统经济报告》的解释，这些目标反映的是在一定的财政政策和货币政策的假设下，政府对可能出现的基本经济趋势的设想、看法或认识。如果不同的政策被实行，那么将会产生一套与其相对应的不同的经济设想。1985—1991年《美国总统经济报告》中的“政府经济设想”表与1984年的情况相同。总的来看，这一阶段的年度数量目标表是以设想性目标为特征的。

第四阶段，1992—2018年，为期27年，该表的名称改为“政府预测”表或“政府经济预测”表。在1992年《美国总统经济报告》中，将预测分为两种：一种是政策预测，是指在政府将采取新的经济政策的情况下，预测经济运行的过程；另一种是常规预测，是指在政府没有采取新的经济政策的情况下，即假定一切相关条件不变的情况下，预测经济按照惯性运行的过程。该年的年度数量目标表，列出了1992年至1997年各年的目标，同时给出了这两种预测值。政策预测的条件是，总统采取在每年初国情咨文演讲中概述的，以及在每年初《联邦政府预算》中详细提出的促进经济增长的政策建议，经济稳健增长的速度将显著提高。政策预测的结果将好于不采取美国总统政策建议的常规预测的结果。如实际GDP增长率，政策预测的结果高于常规预测的结果；失业率，政策预测的结果则低于常规预测的结果。在1993年《美国总统经济报告》中，对于1993—1998年各年的目标，除了给出政府的政策预测之外，还给出两种供选择的预测方案：一种是高增长方案，其实际GDP增长率和通货膨胀率均高于政府的政策预测，其失业率则低于政府的政策预测；另一种是低增长方案，其实际GDP增长率和通货膨胀率均低于政府的政策预测，其失业率则高于政府的政策预测。以此表明经济预测的不确定性。1994年之后，《美国总统经济报告》的年度数量目标表一般给出的是政府的政策预测，《美国总统经济报告》阐明相关的政策假定条件、分析可能的风险因素和不确定性。在许多年份的《美国总统经济报告》中（如1998年、1999年、2017年等），都曾强调：所有经济预测都隐性或显性地对政府的未来经济政策作出假设。政府预测最重要的目的是，尽可能充分地利用一切能得到的信息，捕获所有可能的经济趋势。政府预测还有另一个重要目的，就是作为联邦政府预算的支撑，用于设计联邦政府的收入、支出和预算赤字。联邦政府预算是贯彻美国总统的施政纲领和各项政策的资金保障。

从以上四个阶段来看，美国联邦政府宏观经济目标的制定经历了一个发展演变过程：由总体定性目标到年度定量目标；由法定性、预计性、设想性，到预测性；由就业居于第一位，到GDP升至第一位；由短期和中期目标，到短期、中期、长期目标相结合。而且，随着时间的推移，在《美国总统经济报告》里有关宏观经济目标的分析中，预测、预计、预期、预料、设想、推测等词语被广泛采用。

（四）《美国总统经济报告》法制化对中国的借鉴意义

通过对《美国总统经济报告》法制化的研究，我发现在市场经济条件下和经济管理法制化过程中，在承担经济管理职责方面，美国联邦政府比我们原来想象的要做得更多。当然，各国国情不同，我们可以借鉴一些有益的经验，但不可照抄照搬。我主要提出两个方面的借鉴：一是关于我国GDP增长目标问题，二是关于制定我国宏观调控法问题。

（1）关于我国GDP增长目标的问题

我注意到，近几年来，在我国转变经济发展方式，反对过于崇拜、片面追求GDP的情况下，经常会在一些媒体上看到国内外一些人士说，中国应该取消GDP增长目标。持此类意见者，常以美国为例，说："在美国，政府是不谈GDP的，GDP只是一个经济统计数字而已，除了统计学或者经济学教授会对GDP感兴趣之外，很少有人关注GDP。"

在美国，政府真的不谈GDP吗？GDP真的只是一个经济统计数字而已吗？从我对《美国总统经济报告》法制化的研究中可以看到，以上说法只是一种误导。实际上，在美国，政府并没有取消GDP增长目标，GDP也绝非只是一个简单的经济统计数字而已。特别是对美国联邦政府来说，包括GDP在内的一系列宏观经济目标的制定不是一件简单的事情，而是一个有序的法制化过程。包括GDP在内的一系列宏观经济目标的设立、扩展、具体编制，各有关方面的协调，国会审议程序等，都是由法律规定的。

我提出，GDP是一个国家在一定时期内，所有常住单位参与生产和服务活动所形成的增加值总量，即所有常住单位生产和服务活动的最终成果。物质资料的生产，以及相关的生产性和生活性服务活动，是社会赖以生存和发展的实体经济基础。离开了GDP，宏观经济学就会在杂乱无章的数据海洋中漂泊。GDP可以帮助政策制定者引导经济向着国家目标前进。

我提出，GDP增长目标有其特定的意义和作用：其一，实体性，它反映一个国家在一定时期内（如一年、五年等），实体经济活动将可能达到的总规模，以及人均GDP将可能达到的新水平，从而反映一国经济总量和综合经济国力将可能提高的情况，以及表明一国经济发展所处的阶段。其二，宏观性，它反映一个国家在一定时期内总体经济运行状况及其走势的预计变化，成为宏观经济运行的一个重要“风向标”。它为政府实施宏观调控政策提供重要的经济依据，并可检验政府宏观调控政策的效果。它也为企业、市场、地方政府、居民、社会各界等了解和把握宏观经济运行大环境的变化提供重要参考。其三，核心性，在政府的一系列宏观经济目标中，GDP增长目标是一个具有核心意义的指标，它包含着或直接关系到就业问题、物价问题、财政收支问题、民生问题等，它成为政府确定其他各项宏观经济目标以及统筹财政收支的一个重要的参考出发点。当然，GDP及其增长目标也有局限性。它既不能反映经济增长的质量和结构，也不能反映资源消耗和环境污染的代价，更不能反映收入分配的公平状况和经济社会的发展情况。

我认为，我们既要知道GDP增长目标的特定意义和作用，也要知道其局限性，更要在其特定的功能范围内使用它，不能片面地理解和使用它。对于我国来说，问题不是在于要不要取消GDP增长目标，而是在于如何更好地制定和正确地使用它。从GDP增长目标的性质来说，在我国现阶段，它已不是过去计划经济条件下那种指令性目标，而是市场经济条件下的预期性目标。随着市场经济的发育和成熟，GDP增长目标也会演化为预测性目标。预期性目标还带有一定的任务性，要努力争取实现；而预测性目标则是参考性的。即使在GDP增长目标成为预测性目标的情况下，GDP增长目标的特定意义和作用仍在，政府履行保持宏观经济稳定运行的职责仍在。

（2）关于制定我国宏观调控法的问题

多年来，我国经济学界和法学界提出，我国需要借鉴美国的《1946年就业法》《1978年充分就业和平衡增长法》和德国的1967年《经济稳定与增长促进法》等，制定出一部总体性、综合性的宏观调控法，以促进依法治国、依法执政、依法行政。

众所周知，宏观调控一词是在我国改革开放以来社会主义市场经济体制建立过程中所产生的新概念。然而，对于什么是宏观调控，即宏观调控的内涵是什么，学术界存在着不同看法，在实践中，这个概念也并不完全清晰。我归纳了一下，对宏观调控的理解可有最宽义、最窄义、一般宽义、一般窄义四种观点：

第一种，最宽义。认为宏观调控是指，政府为弥补市场失灵，对整个宏观和微观经济活动进行调节和控制。也就是说，宏观调控等同于一切政府干预。

第二种，最窄义。认为宏观调控是指，政府运用财政政策和货币政策，对总需求进行调节和控制，以保持总需求与总供给的平衡，熨平经济波动，实现宏观经济平稳运行。

第三种，一般宽义。认为宏观调控是指，政府运用经济手段、法律手段和必要的行政手段，对经济总量和经济结构进行调节和控制，以实现经济持续、协调发展。

第四种，一般窄义。认为宏观调控是指，政府运用财政政策和货币政策，对总需求和总供给进行调节和控制，以保持供求总量的平衡，熨平经济波动，实现宏观经济平稳运行。

我提出：对于宏观调控的内涵，如果界定过宽，会把宏观调控当成"筐"，什么都往里面装，容易造成政府的过度干预；如果界定过窄，会使政府的有关职责缺位或不到位。对宏观调控内涵的科学界定和正确定位，是制定宏观调控法的基础，应进一步加强理论探讨和实践总结。

叁

治学的心得体会

从1962年我步入中国人民大学经济系学习、踏进经济学殿堂开始，到现在已经近60年了。时光飞驰，转眼之间，几度春秋。我想，每个人回首自己一生的成长历程的时候，都不禁会有万千的感慨。我特别喜欢“青山依旧在，几度夕阳红”这句既有气魄又富感慨的名句。在人生的道路上，我也已经历了难忘的几度风雨、几度耕耘、几度丰收。在近60年的经济学学习和研究的过程中，要说我有什么心得体会的话，我觉得最重要的有两条：一是要有使命感和责任感，二是要有潜心钻研、锲而不舍的精神。

关于使命感和责任感，我觉得对于经济学的学习和研究来说，其目的就是把自己的所学、所想贡献给祖国，使祖国经济繁荣与富强。在我国，有一首为大家所熟知的歌曲，名叫《歌唱祖国》。我从小就喜爱这首歌。歌中唱道：“五星红旗迎风飘扬，胜利歌声多么响亮，歌唱我们亲爱的祖国，从今走向繁荣富强。”我想，中华人民共和国成立以来，我国经济增长与波动的历程就是不断地走向繁荣、稳定与富强的历程。因此，我总想写一本书，取名“繁荣与稳定”。1996年，当我撰写专著《中国经济周期波动的新阶段》时，一开始，我就想用“繁荣与稳定”作为书名。但当时由于那本专著是上海远东出版社组织出版的一整套丛书中的一本，为了使整个丛书的书名风格一致，最后我没有使用“繁荣与稳定”这个书名。而到了2000年，当社会科学文献出版社邀请我出版一部文集性专著时，我便很高兴地用上了这个书名。我特别喜欢这个书名，因为这个书名很生动地表明了我研究中国经济波动问题的目的，就是使中国经济走向繁荣、稳定与富强。2005—2007年这三年间，我国经济总量连续实现了三大“超越”：2005年超过法国，上升到世界第五位；2006年超过英国，上升到世界第四位；2007年超过德国，上升到世界第三位。2010年，我国经济总量超过日本，成为世界第二大经济体。2014年，我出版了《中华民族复兴的经济轨迹——繁荣与稳定Ⅳ》。在该书的前言第一段，我就这样写道：“跨越中华民族五千多年的悠久文明，走过明清时期的历史鼎盛，结束近代抵御列强入侵的浴血抗争，历经新中国成立后的艰辛探索，迎来改革开放的巨大成就，今天，我们站在新的历史起点上，深切感受到习近平总书记所说，‘现在，我们比历史上任何时期都更接近中华民族伟大复兴的目标，比历史上任何时期都更有信心、有能力实现这个目标’。”我想，为中华民族的伟大复兴而奋斗，这就更加明确了我们学习和研究经济学的使命和责任。

我认为一个人的精力是有限的，在其学习特别是研究工作中，不宜涉猎过泛、面面俱到，不宜东一榔头西一棒子、打一枪换一个地方。我觉得，对于经济学的学习和研究来说，要想取得一点成绩，必须要有一股精神，那就是潜心钻研、持之以恒、不断积累、锲而不舍的精神。在我国关于励志的古典名句中，我最喜欢的就是荀子《劝学》篇中的那段话：“不积跬步，无以至千里；不积小流，无以成江海。骐骥一跃，不能十步；驽马十驾，功在不舍。锲而舍之，朽木不折；锲而不舍，金石可镂。”这段脍炙人口的名句，是我在经济学学习和研究生涯中，时常用以激励自己的座右铭。现在，我作为学部委员，承担着一种终身荣誉，这就意味着在学术园地里要终身耕耘不辍。

另附：具有纪念意义或重要活动的照片10幅。

2006年9月在中国社会科学院经济研究所办公室

2006年10月在巴西考察

2007年1月31日在香港召开的学术会议上演讲

2008年6月访问美国总统经济顾问委员会

2008年6月访问中国驻美国大使馆

2009年10月1日在天安门广场观礼台

2010年7月与夫人孙笑纳访问美国普渡大学

2013年3月在全国政协大会上发言

2015年7月在中国经济增长与周期论坛上演讲

2017年3月参加第十二届全国人民代表大会第五次会议

肆

代表性论文

我国固定资产投资周期性初探

刘树成

（原载《经济研究》1986年第2期）

30多年来，我国固定资产投资规模一再出现失控局面。尽管每次失控的程度和具体背景有所不同，但都给国民经济稳定、协调发展带来了危害。特别是当前，我国正在深入开展以城市为重点的整个经济体制改革，认识和掌握我国固定资产投资的规律性，有效地控制固定资产投资规模，对于保持国民经济的健康发展，保证改革的顺利进行，使改革与建设互相适应、互相促进，具有十分重要的意义。

我国固定资产投资有没有周期性？如果有，它具有什么特点？形成这种周期性的原因何在？怎样把握这种周期性，以取得控制投资规模和驾驭整个国民经济发展的主动权？这些问题，目前在我国经济学界尚未展开深入的研究，本文试对这些问题作一初步探讨。

我国固定资产投资的周期性及其特点

现把1952—1984年我国历年固定资产投资总额（全民所

有制范围）[①]及其增长速度的统计资料列于表4-1，并把固定资产投资增长速度在坐标图上画为一条曲线（见图4-1）。从表4-1“增长速度”一栏和图4-1增长速度曲线可以看到，32年来，我国固定资产投资每增长3～4年（正号），就下降1～2年（负号），明显地呈现出周期性。

表4-1　我国固定资产投资总额及其增长速度

年份	投资总额（亿元）	增长速度（%）	周期序号
1952	43.56	+ 85.68	—
1953	91.59	+110.26	1
1954	102.68	+ 12.11	1
1955	105.24	+ 2.49	1
1956	160.84	+ 52.83	1
1957	151.23	− 5.97	1
1958	279.06	+ 84.53	2
1959	368.02	+ 31.88	2
1960	416.58	+ 13.19	2
1961	156.06	− 62.54	2
1962	87.28	− 44.07	2
1963	116.66	+ 33.66	3
1964	165.89	+ 42.20	3
1965	216.90	+ 30.75	3
1966	254.80	+ 17.47	3
1967	187.72	− 26.33	3
1968	151.57	− 19.26	3

① 1952—1983年数据取自《中国统计年鉴（1984）》，中国统计出版社1984年版，第301页；1984年数据取自《中华人民共和国国家统计局关于1984年国民经济和社会发展的统计公报》，《人民日报》1985年3月10日。均按当年价格计算。

（续表）

年份	投资总额（亿元）	增长速度（%）	周期序号
1969	246.92	+ 62.91	4
1970	368.08	+ 49.07	4
1971	417.31	+ 13.37	4
1972	412.81	– 1.08	4
1973	438.12	+ 6.13	5
1974	463.19	+ 5.72	5
1975	544.94	+ 17.65	5
1976	523.94	– 3.85	5
1977	548.30	+ 4.65	6
1978	668.72	+ 21.96	6
1979	699.36	+ 4.58	6
1980	745.90	+ 6.65	6
1981	667.51	–10.51	6
1982	845.31	+ 26.64	7
1983	951.96	+ 12.62	7
1984	1160.00	+ 21.85	7

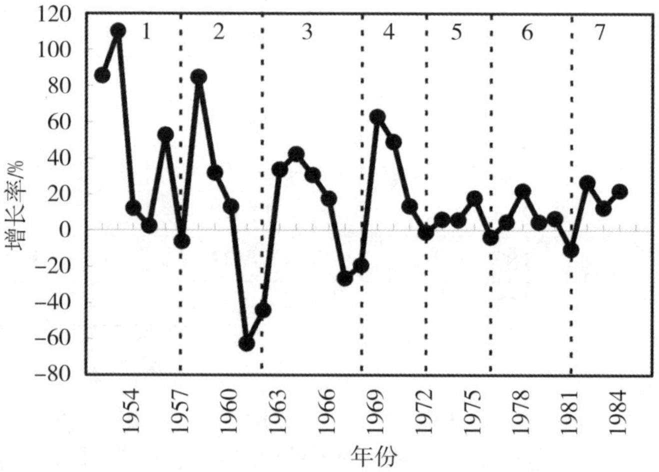

图4-1　中国固定资产投资增长率波动曲线

这种周期性具有如下几个特点：

第一，每个周期的持续时间一般为4～5年。

从每年固定资产投资总额开始比上一年增加，即投资增长速度开始为正的年份算起，到固定资产投资总额比上一年减少，即投资增长速度为负的年份结束为止，作为一个周期。32年来，我国固定资产投资共经历了7个周期。

第1个周期：1953—1957年，持续5年；

第2个周期：1958—1962年，持续5年；

第3个周期：1963—1968年，持续6年；

第4个周期：1969—1972年，持续4年；

第5个周期：1973—1976年，持续4年；

第6个周期：1977—1981年，持续5年；

第7个周期：1982—1984年，已持续3年，尚未完成。

从已经完成的几个周期看，除第3个周期持续6年外，其余均为4～5年。

第二，每个周期内固定资产投资增长速度的升降振幅渐趋缓和。

我们把每个周期内固定资产投资增长速度的最高峰与最低谷的数据相加，其距离作为振幅。每个周期的振幅为：

第1个周期：116.23（110.26＋5.97）；

第2个周期：147.07（84.53＋62.54）；

第3个周期：68.53（42.20＋26.33）；

第4个周期：63.99（62.91＋1.08）；

第5个周期：21.50（17.65＋3.85）；

第6个周期：32.47（21.96＋10.51）。

投资的大起大落，对整个国民经济的影响很大。我国固定资产投资增长速度的升降振幅逐渐变小，表明我国已经从过去的大起大落中吸取了一定的教训，情况正在逐渐好转。

第三，固定资产投资增长为负的低谷年份在每个五年计划中所处的位置逐步前移。

固定资产投资增长速度为负的低谷年份在每个五年计划中所处的位置是：

"一五"时期，处于第5年（1957年）；

"二五"时期，处于第4年、第5年（1961年、1962年）；

"三五"时期，处于第2年、第3年（1967年、1968年）；

"四五"时期，处于第2年（1972年）；

"五五"时期，处于第1年（1976年）；

"六五"时期，处于第1年（1981年）。

这表明，在第1、第2个五年计划时期，开头几年即可进行大规模的投资，低谷年份处于期末；而到了第5、第6个五年计划时期，一开头就遇到了低谷年份，使五年计划的开端处于压缩和调整的被动局面。

形成周期性的原因

形成我国固定资产投资周期性的原因究竟是什么？是纯属主观失误，还是纯属客观必然，或是二者兼而有之？它与资本主义制度下的经济危机和固定资本投资的周期性有何不同？

在资本主义制度下，经济危机的周期性带来固定资本大规模更新和投资的周期性；同时，后者又成为前者的物质基础。马克思指出："这种由若干互相联系的周转组成的包括若干年的周期（资本被它的固定组成部分束缚在这种周期之内），为周期性的危机造成了物质基础。在周期性的危机中，营业要依次通过松弛、中等活跃、急剧上升和危机这几个时期。虽然资本投下的时期是极不相同和极不一致的，但危机总是大规模新投资的起点。"[①]经济危机和固定资本投资的周期性，根源于资本主义生产方式本身所固有的基本矛盾，即生产的高度社会化与生产资料的资本主义私人占有之间的矛盾。这种周期性建立在资本主义商品生产相对过剩的基础上。

世界上一切事物的运动都是波浪式前进、不平衡发展的。从这一哲学道理上讲，我国固定资产投资也存在着高高低低的运动波，这并不奇怪。但具体来讲，在我国当前条件下，固定资产投资的周期性运动，情况又与资本主义不同。

第一，我国是社会主义国家，生产资料公有制及与之相应的国民经济有计划的管理占主导地位。我们可以通过有计划的管理和运用各种手段，采取相应的措施来控制和调节固定资产投资的规模。所以，从根本上说，我国固定资产投资的周期性不是根源于社会主义制度本身。

第二，我国是发展中的社会主义国家，从客观条件上说，我们不是商品生产相对过剩，而是物质力量相对不足。我国社会的主要矛盾是人民日益增长的物质文化需要同落后的社会生产之间的矛盾。这个矛盾反映在固定资产投资上则

① 马克思：《资本论》第2卷，人民出版社1975年版，第207页。

是大规模经济建设的需要与物质力量不足之间的矛盾。物质力量的不足表现为大规模的经济建设要受到几个方面的重大比例关系的制约。如第一个方面，农业、轻工业、重工业之间的比例关系。固定资产投资要有相应的生产资料的供给作保证，这主要由重工业来承担。大规模的投资要求重工业快速发展。如果重工业发展过快，就会挤压农业和轻工业，从而引起农业、轻工业、重工业之间比例关系失调。第二个方面，积累与消费之间的比例关系。固定资产投资的大部分属于国民收入最终使用中的积累部分。在一定时期内，国民收入总额是一定的。积累过多，积累率升高，就会挤压消费，包括个人消费和社会消费。当投资规模过大，积累率过高，对消费挤压过重，就会引起积累与消费之间比例关系失调。第三个方面，建设与生产之间的比例关系。固定资产投资要在一个较长时间内占用社会的人力、物力、财力，而不能提供有效的用品。如果它所占用的物质力量过多，就会挤压当前的正常生产，造成能源和原材料方面的短缺，并影响有用产品的形成，引起建设与生产之间比例关系失调。自中华人民共和国成立以来，为了使我国在原有十分薄弱的基础上逐渐富强起来，客观上我们需要进行大规模经济建设，但随着每次投资规模的持续扩大，物质力量不足的问题就越来越突出，逐步引起国民经济各方面重大比例关系严重失调，造成整个社会经济生活的紧张和混乱，这时，就要进行调整。经过调整，国民经济重大比例关系趋于合理化，又可以重新开始下一次的大规模投资。从这个角度看，我国固定资产投资的周期性具有一定的客观性。

第三，我国目前社会主义制度本身还有待于进一步完善，特别是在经济管理体制和管理水平方面，我们还缺乏足够的经验。从主观条件上说，在进行大规模投资的时候，我们在指导思想上应该保持清醒的头脑，避免盲目冒进，在宏观管理上应该实施有效的控制，避免大起大落。然而，我们没能够很好地做到这一点。从这个角度看，我国固定资产投资周期性中的大起大落包含工作的失误，又具有一定的主观性。

把握固定资产投资的周期性

目前，我国正在进行以城市为重点的整个经济体制改革，经济运行必然会出现一系列的新情况，这会给固定资产投资的周期性及其特点带来新的影响，从而需要我们随着时间的推移和各种情况的变化，审时度势，在实践中继续探索，不断丰富和校正我们的认识，更好地把握投资的周期性变化。

但是，总的来说，前述我国固定资产投资以4～5年为一个周期的情况，不容易一下子改变，还可能持续一段时间。这主要是因为，一方面，要实现到20世纪末我国国民经济发展的宏伟目标，还必须不断地进行大规模投资；另一方面，我们虽然经过了几个五年计划的建设，但物质力量不足的问题尚未解决，大规模投资必然要受到国民经济各项重大比例关系的制约；再一方面，在以城市为重点的整个经济体制改革的进程中，要发挥各种手段和各种经济杠杆的作用，实施有效的宏观调节与控制，尚需一个过程。

在今后几年内，如果不出现其他重大变动，按照前述周期性，固定资产投资的低谷年份大体上将出现于1986年和1991年。这只是一个粗略的预测。只要我们不断地认识和把握固定资产投资的周期性，就能在这种周期性的运动波面前降低盲目性，增强自觉性，主动去驾驭它，并利用它来为我们服务。具体说就是：

其一，当处于正号年份的时候，即比上一年增加投资的年份开始的时候，不要一下子上升得过猛而失去后劲。

其二，当处于正号年份持续的时候，每年都应适当地留有余地，使投资高峰不要过于陡峭，以减小振幅，使正号年份持续时间延长，以扩展周期。

其三，当处于负号年份的时候，即比上一年减少投资的低谷年份将要到来的时候，应及时地收缩，主动地使投资波下降。

其四，当处于低谷年份的时候，应有效地进行控制和调整，不要一下子下降得过猛，要既使低谷不过度下垂，又使调整期尽量缩短。

其五，推进经济体制改革和各项改革，提高经济计划、管理、预测、决策的科学水平，充分发挥各种手段和各种经济杠杆的作用，实现有效的宏观调节和控制。

参考文献：

［1］国家统计局．中国统计年鉴1984［M］．北京：中国统计出版社，1984.

［2］中华人民共和国国家统计局关于1984年国民经济和社会发展的统计公报［N］．人民日报，1985-03-10.

［3］马克思．资本论：第二卷［M］．北京：人民出版社，1975.

论中国的菲利普斯曲线

刘树成

（原载《管理世界》1997年第6期）

经济增长率与物价上涨率、失业率与物价上涨率的关系，是各国政府在实施宏观调控中所必须把握的两大重要经济关系，这涉及菲利普斯曲线问题。本文旨在探讨：①基本的菲利普斯曲线关系在中国是否存在（对此，我国学术界有人持否定观点）。②菲利普斯曲线在中国发生了怎样的变形。③菲利普斯曲线的存在及其变形有何重要政策含义。

一、三种菲利普斯曲线及其变形

为了清晰地阐明问题，首先必须弄清楚什么是菲利普斯曲线，以及它会发生怎样的变形。

（一）表明三对经济变量关系的三种菲利普斯曲线

菲利普斯曲线有三种表达方式，表明三对经济变量的关系。

第一种菲利普斯曲线表明的是失业率与货币工资变化率

之间的关系，可称之为“失业-工资” 菲利普斯曲线。这是由当时在英国从事研究工作的新西兰经济学家A. 威廉·菲利普斯于1958年最早提出的。其表现形式是：在以失业率为横轴、货币工资变化率为纵轴的坐标图上，由右下方向左上方倾斜的、具有负斜率的一条曲线（见图4-2中实线）。它表明：失业率与货币工资变化率二者呈反向的对应变动关系，即负相关关系。当失业率上升时，货币工资变化率则下降；当失业率下降时，货币工资变化率则上升。在一轮短期的、典型的经济周期波动中，在经济波动的上升期，失业率下降，货币工资变化率上升；在经济波动的回落期，失业率上升，货币工资变化率下降。于是，这条曲线表现为一条先由右下方向左上方移动，再由左上方向右下方移动的曲线环（见图4-2中虚线环）。这条曲线环呈现为略向左上方倾斜、位势较低且较为扁平的形状。“向左上方倾斜”，说明失业率与货币工资变化率为反向变动关系；“位势较低”，说明货币工资变化率处于较低水平；“略”向左上方倾斜和“较为扁平”，说明货币工资变化率的变动幅度不大。

第二种菲利普斯曲线表明的是失业率与物价上涨率之间的关系，可称之为“失业-物价”菲利普斯曲线。这是由美国经济学家保罗·A. 萨缪尔森和罗伯特·默顿·索洛于1960年提出的。他们俩以物价上涨率代替了原菲利普斯曲线中的货币工资变化率。这一代替是通过一个假定实现的。这个假定是：产品价格的形成遵循“平均劳动成本固定加值法”，即每单位产品的价格是由平均劳动成本加上一个固定比例的其他成本和利润形成的。这就是说，物价的变动只与货币工资的变动有关。这种菲利普斯曲线的表现形式与上述第一种菲利普斯曲线相同，只不过纵轴改为物价上涨率（见图4–2）。这条曲线表明：失业率与物价上涨率二者亦呈反向的对应变动关系。在一轮短期的、典型的经济周期波动中，在经济波动的上升期，失业率下降，物价上涨率上升；在经济波动的回落期，失业率上升，物价上涨率下降。因此，这条曲线同样表现为图4–2中的曲线环。

第三种菲利普斯曲线表明的是经济增长率与物价上涨率之间的关系，可称之为“产出–物价”菲利普斯曲线。该曲线后来被许多经济学家使用。这种菲利普斯曲线以经济增长率代替了第二种菲利普斯曲线中的失业率。这一代替是通过“奥肯定律”实现的。美国经济学家阿瑟·奥肯于1962年提出，失业率与经济增长率具有反向的对应变动关系。这样，经济增长率与物价上涨率之间便呈现出同向的对应变动关系。在这一关系的研究中，通常不是直接采用经济增长率指标，而是采用“现实经济增长率对潜在经济增长率的偏离”，或是采用“现实产出水平对潜在产出水平的偏离”。这一“偏离”，表明一定时期内社会总供求的缺口和物价上涨的压力。现实经济增长率表明一定时期内由社会总需求所决定的产出增长情况，而潜在经济增长率则表明在一定时期内、一定技术水平下，社会的人力、物力、财力等资源所能提供的总供给的状况。潜在经济增长率可有两种含义：一种是指正常的潜在经济增长率，即在各种资源正常地充分利用时所能实现的经济增长率；另一种是指最大的潜在经济增长率，即在各种资源最大限度地充分利用时所能实现的经济增长率。我们这里采用的是第一种含义。这种菲利普斯曲线的表现形式是：在以现实经济增长率对潜在经济增长率的偏离为横轴、物价上涨率为纵轴的坐标图上，从左下方向右上方倾斜的、具有正斜率的一条曲线（见图4–3中实线）。这条曲线的走向与第一和第二种菲利普斯曲线正好相反。这条曲线表明：现实经济增长率对潜在经济增长率的偏离与物价上涨率二者呈同向的对应变动关系，即正相关关系。当现实经济增长率对潜在经济增长率的偏离上升时，物价上涨率亦上升；当现实经济增长率对潜在经济增长率的偏离下降时，物价上涨率亦下降。在一轮短期的、典型的经济周期波动中，在经济波动的上升期，随着需求的扩张，现实经济增长率对潜在经济增长率的偏离上升，物价上涨率随之上升；在经济波动的回落期，随着需求的收缩，现实经济增长率对潜在经济增长率的偏离下降，物价上涨率随之下降。这样，这条曲线表现为一条先由左下方向右上方移动，然后再由右上方向左下方移动的曲线环（见图4–3中虚线环）。这条曲线环呈

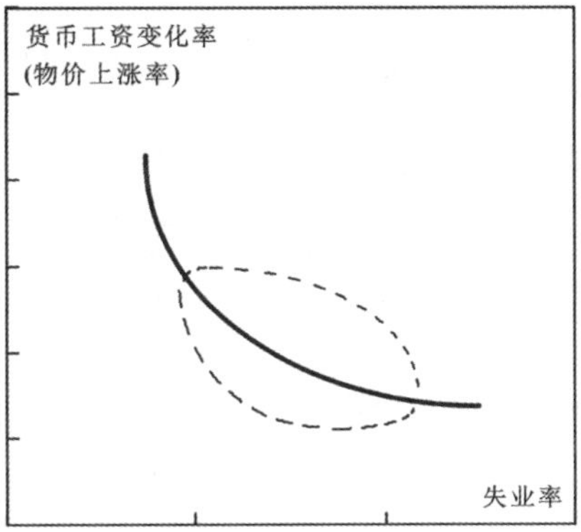

图4–2　第一和第二种菲利普斯曲线

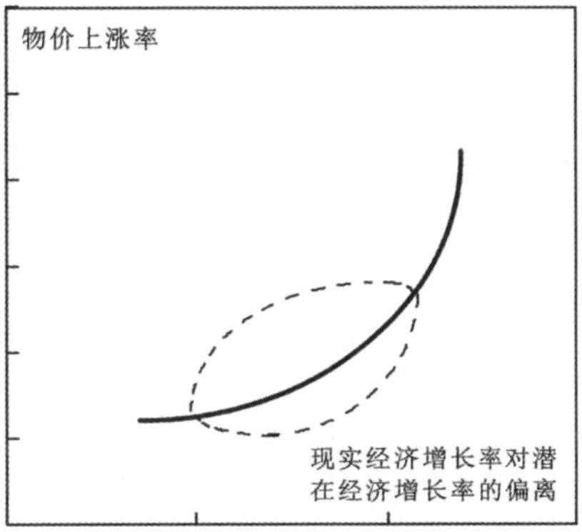

图4–3　第三种菲利普斯曲线

现为略向右上方倾斜、位势较低且较为扁平的形状。“向右上方倾斜”，说明现实经济增长率对潜在经济增长率的偏离与物价上涨率为同向变动关系；“位势较低”，说明物价上涨率处于较低水平；“略”向右上方倾斜和“较为扁平”，说明物价上涨率的变动幅度不大。

以上三种形状的菲利普斯曲线，反映了美国、英国等西方主要发达国家在20世纪50—60年代的情况。它们分别表明了失业率与货币工资变化率之间的反向对应关系、失业率与物价上涨率之间的反向对应关系、经济增长率与物价上涨率之间的同向对应关系。我们将这三种形状的菲利普斯曲线称为基本的菲利普斯曲线，将它们分别表明的两个反向和一个同向的对应变动关系称为基本的菲利普斯曲线关系。

（二）菲利普斯曲线的变形

在现实经济运行中，基本的菲利普斯曲线经常会因为受到种种因素的影响而发生变形。以“产出–物价”菲利普斯曲线为例来说，可有两类变形。

第一类变形：基本的菲利普斯曲线关系不变，即现实经济增长率对潜在经济增长率的偏离与物价上涨率二者仍保持着基本的同向变动关系，但曲线环的位势发生了移动，或曲线环的形状发生了局部性变化。比如，整个曲线环的位势上移（图4–4中，曲线环*A*是基本的菲利普斯曲线，它上移到*B*）。这表明，在现实经济增长率对潜在经济增长率的偏离与原来处于同一水平时，整个物价上涨率提高了。曲线环*B*是在基本的菲利普斯曲线关系上加进了通货膨胀预期因素。

曲线环*B*被称为附加通胀预期的菲利普斯曲线。这是由货币主义学派的米尔顿·弗里德曼、埃德蒙德·菲尔普斯于20世纪60年代后期对短期菲利普斯曲线所提出的修正。在以现实产出水平对潜在产出水平的偏离比例为横轴、物价上涨率为纵轴的坐标图上，美国1971—1976年、1976—1983年的两个曲线环移向左上方（类似于图4–4中的曲线环*C*，图中居中的垂直虚线在这里则代表潜在产出水平），这是表明“滞胀”下的菲利普斯曲线。一方面，它位于潜在产出水平的左侧，说明现实产出水平低于潜在产出水平而处于“滞”的状态；另一方面，它的位势很高，说明物价处于“胀”的状态。货币主义学派用附加通胀预期的菲利普斯曲线说明了在美国等西方国家，在20世纪70—80年代基本菲利普斯曲线所发生的这一变形，解释了“滞胀”现象。再比如，曲线环的形状发生了局部性变化，像图4–4中曲线环*B*向上凸起为陡峭型的曲线环*D*。这是因为对物价上涨又有新的有关冲击因素加入，我们将它称为陡峭型菲利普斯曲线。在下文说明中国的菲利普斯曲线的变形时，将会提到这种形状的曲线环。

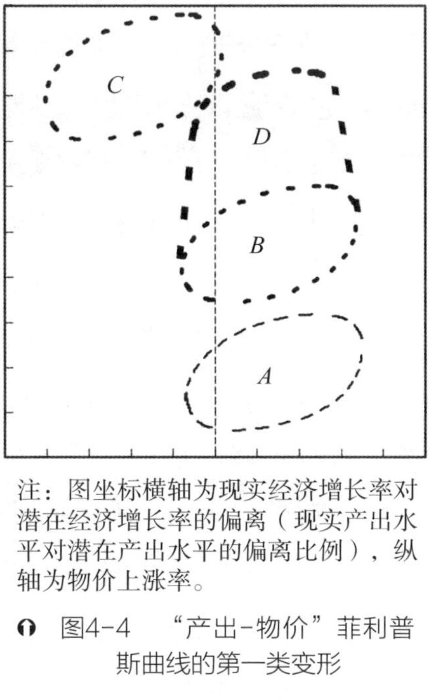

注：图坐标横轴为现实经济增长率对潜在经济增长率的偏离（现实产出水平对潜在产出水平的偏离比例），纵轴为物价上涨率。

图4–4　“产出–物价”菲利普斯曲线的第一类变形

第二类变形：曲线环的形状发生了根本性变化，现实经济增长率对潜在经济增长率的偏离与物价上涨率二者呈同向变动这一基本的菲利普斯曲线关系不再存在。一种情况是，图4–5中基本的菲利普斯曲线A调转了方向，变成了向左上方倾斜的曲线环E。这表明，现实经济增长率对潜在经济增长率的偏离与物价上涨率二者不再是同向变动关系，而呈反向变动关系。当现实经济增长率对潜在经济增长率的偏离上升时，物价上涨率却下降；当现实经济增长率对潜在经济增长率的偏离下降时，物价上涨率却上升。一般说来，这是受到有关供给因素的影响而形成的。我们将它称为与菲利普斯曲线方向相反的"产出–物价"曲线。在下文分析中国的菲利普斯曲线的变形时，亦会提到这种形状的曲线环。另一种情况是，货币主义学派提出，长期菲利普斯曲线将变形为一条位于潜在经济增长率的垂直线（见图4–5中垂直虚线F）。它表明，在长期中，现实经济增长率趋向于潜在经济增长率，而与物价上涨率无关。理性预期学派则提出，即使在短期中，在一般均衡和理性预期的假设下，物价上涨率等于全社会平均的通货膨胀预期，现实经济增长率等于潜在经济增长率，因此，物价上涨率与经济增长率无关。这样，短期菲利普斯曲线也表现为一条位于潜在经济增长率的垂直线。当然，理性预期学派的假设条件太严格，与现实经济运行不太吻合。再有一种情况是，当政府对物价实行冻结政策时，虽然现实经济增长率对潜在经济增长率的偏离会不断移动，但物价却不动，或基本上不动。这时，菲利普斯曲线将变形为一条与横轴即物价上涨率零度线相重合的水平线（见图4–5中水平横轴G）。我们将它称为水平的"产出–物价"

曲线。在下文分析中国的菲利普斯曲线的变形时，我们也会看到近乎水平状的曲线环。还有一种情况是，在经济周期波动中，有时，在各年度间，经济增长率的变动与物价上涨率的变动受到许多不规则的随机因素的影响，从而使菲利普斯曲线变形为极不规则的形状（见图4–5中曲线H）。这时，现实经济增长率对潜在经济增长率的偏离与物价上涨率二者的变动关系既有同向的，也有反向的，还可能是无关的，很不规则。

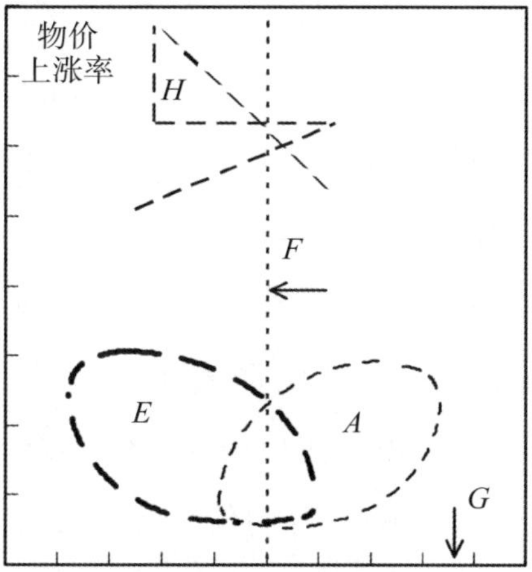

注：图坐标横轴为现实经济增长率对潜在经济增长率的偏离

图4–5 “产出–物价”菲利普斯曲线的第二类变形

二、中国的“产出–物价”曲线

关于中国的情况，本文将着重探讨“产出–物价”菲利普斯曲线和“失业–物价”菲利普斯曲线。就我国经济周期波动中“产出–物价”曲线来说，出现过五种代表性的形状：改革前的两种和改革后的三种。

（一）状态描述

改革前的第一种形状：与菲利普斯曲线方向相反的“产出—物价”曲线。

在我国原有的计划经济体制下，“产出–物价” 曲线曾出现过的一种具有代表性的形状，是从1957年经济增长率的波谷出发，1958—1962年这一轮经济周期中的曲线（见图4–6）。图4–6中（以下图4–7亦同），横轴为现实经济增长率对潜在经济增长率的偏离。现实经济增长率以不变价国民收入增长率表示。整个计划经济体制下的潜在经济增长率，我们取1953—1977年不变价国民收入年平均递增率5.7%。纵轴为物价上涨率，以商品零售价格表示。图4–6的曲线从1957年出发，到1958年先向右下方移动；然后，在1959年、1960年、1961年，向左上方远远飞出；到1962年又折向右下方。这条曲线与基本的“产出–物价”菲利普斯曲线的方向完全相反。它表明：现实经济增长率对潜在经济增长率的偏离与物价上涨率二者呈现出反向变动关系。当现实经济增长率对潜在经济增长率的偏离上升时（1957—1958年线段和1961—1962年线段），物价上涨率却下降；当现实经济增长率对潜在经济增长率的偏离下降时（1958—1961年线段），物价上涨率却上升。

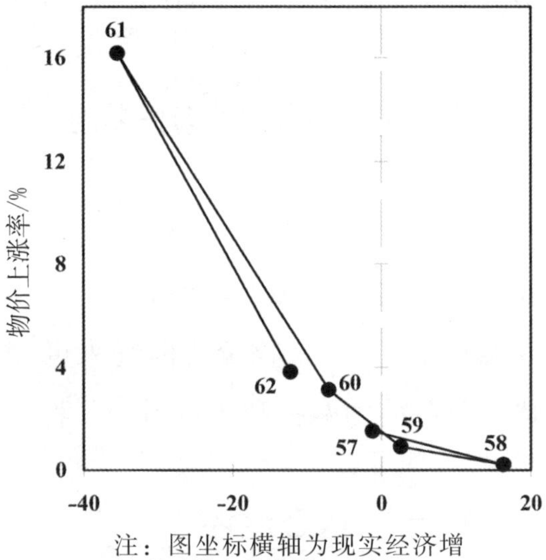

注：图坐标横轴为现实经济增长率对潜在经济增长的偏离

图4–6　1957—1962年“产出–物价”曲线

改革前的第二种

形状：水平的“产出-物价”曲线。

在我国原有的计划经济体制下，“产出-物价”曲线还曾出现过另一种具有代表性的形状，那就是从1968年经济增长率的波谷出发，1969—1972年和1973—1976年这两轮经济周期中的曲线（见图4-7）。这期间，尽管现实经济增长率对潜在经济增长率的偏离在剧烈地左右移动，但物价上涨率却变动极小，只是围绕水平横轴（物价上涨率的零度线）上下各1个百分点微弱地变动。

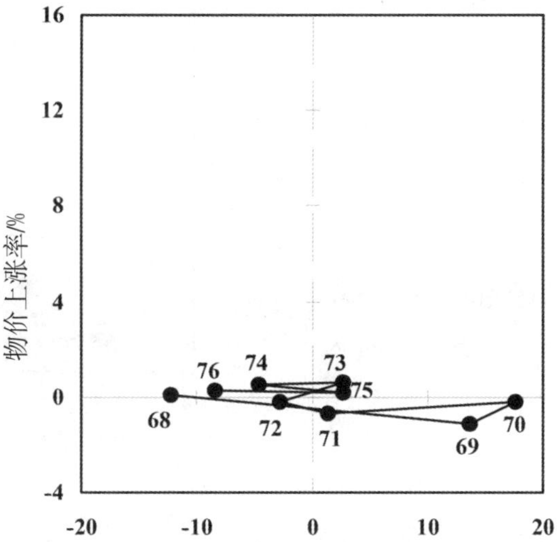

注：图坐标横轴为现实经济增长率对潜在经济增长率的偏离

图4-7 1968—1976年“产出-物价”曲线

改革后的第一种形状：基本的菲利普斯曲线。

改革开放以后，随着我国计划经济体制向社会主义市场经济体制过渡，经济增长率与物价上涨率之间的关系呈现出基本的菲利普斯曲线那种同向变动的特征。图4-8是从1981年经济增长率的波谷出发，1982—1986年这一轮经济周期中的曲线。图4-8中（以下图4-9、图4-10亦同），横轴仍为现实经济增长率对潜在经济增长率的偏离。现实经济增长率以不变价GDP增长率表示。潜在经济增长率的取值，1981—1990年为这期间不变价GDP年平均递增率9.1%；1991—1996年为1981—1996年期间不变价GDP年平均递增率10%。纵轴仍为商品零售价格上涨率。图4-8的曲线从1981年出发到1984年，现实经济增长率对潜在经济增长率的偏离由左至右逐步上升，物价上涨率先有微弱的下降后亦随之上升；从1984年到1986年，现实经济增长率对潜在经济增长率的偏离由右往左逐步下降，物价上涨率先有一个滞后的上升（1984—1985年线段），尔后亦下降。整个看，这一曲线环略向右上方倾斜、位势较低且较为扁平，大体表现为基本菲利普斯曲线的形状。

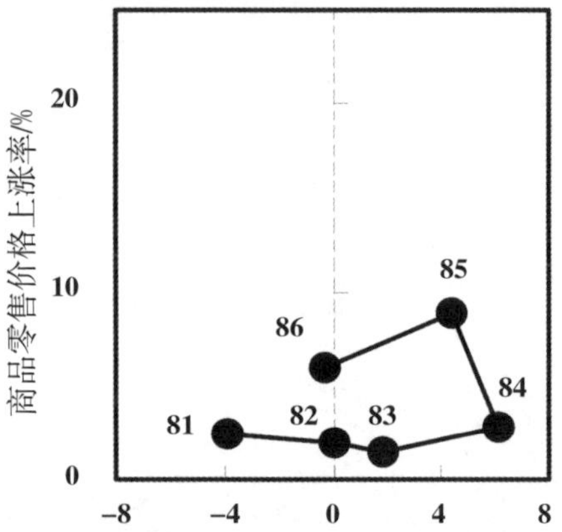

注：图坐标横轴为现实经济增长率对潜在经济增长率的偏离

图4-8 1981—1986年“产出—物价”曲线

改革后的第二种形状：左上位陡峭型菲利普斯曲线。

图4-9是从1986年经济增长率的波谷出发，1987—1990年这一轮经济周期中的曲线。与上一轮周期相比，这一曲线环发生了向左上方的位移，且十分陡峭。从1986年出发到1987年，现实经济增长率对潜在经济增长率的偏离上升，物价上涨率亦上升；从1987年到1990年，现实经济增长率对潜

在经济增长率的偏离由右往左下降，物价上涨率先有一个滞后的、陡峭的上升（1987—1988年线段），随后先是缓慢、再是陡峭地下降（1989—1990年线段）。这一曲线环的向上移动，说明物价上涨率的位势提高了；向左移动，说明现实经济增长率对潜在经济增长率的偏离下降幅度较大。

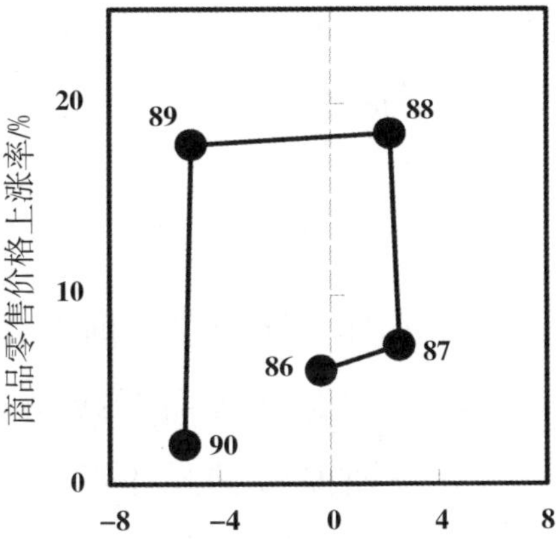

注：图坐标横轴为现实经济增长率对潜在经济增长率的偏离

图4-9　1986—1990年“产出-物价”曲线

改革后的第三种形状：右上位陡峭型菲利普斯曲线。

图4-10是从1990年经济增长率的波谷出发，1991—1996年这一轮经济周期中的曲线。与上一轮周期相比，这一曲线环又向右上方移动了，且仍为陡峭。从1990年出发到1992年，现实经济增长率对潜在经济增长率的偏离由左至右逐步上升，物价上涨率随之缓慢上升；从1992年到1996年，现实经济增长率对潜在经济增长率的偏离由右往左逐步下降，物价上涨率先有一个滞后的、陡峭的上升（1992—1994年线段），尔后陡峭下降（1994—1996年线

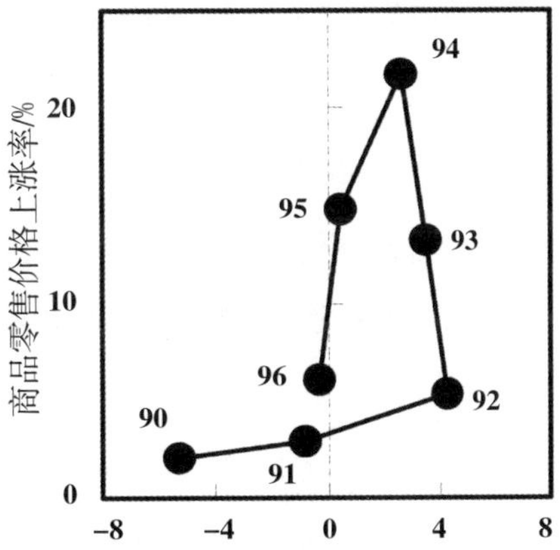

注：图坐标横轴为现实经济增长率对潜在经济增长率的偏离

图4-10　1990—1996年“产出—物价”曲线

段）。这一曲线环的向上移动，说明物价上涨率的位势又上升了；向右移动，说明这一轮周期处于较高的经济增长状态。

（二）原因分析

在我国改革开放之前，“产出–物价”曲线之所以呈现出与基本的菲利普斯曲线完全不同的形状，或者说，基本的菲利普斯曲线关系不存在，是与原有的计划经济体制紧密相关的。在原有体制下，出现了两种具有代表性的情况：一种情况是，物资短缺，政府对许多商品实行了票证、定额等计划形式的限量需求，但物价尚未被冻结。由于需求面被限“死”，物价只有随供给面而变化。在经济增长率上升、产品供给情况有所改善的时候，物价上涨率便随之下降；反之，在经济增长率下降、产品供给情况恶化、物资短缺程度更为加剧的时候，物价上涨率就随之大幅度上升。这就形成了图4–6中与菲利普斯曲线方向相反的“产出–物价”曲线。另一种情况是，在物价被基本冻结时，经济增长率的剧烈波动不反映在物价的变动上，这就形成了图4–7中水平的“产出–物价”曲线。

在我国改革开放之后，经济增长率与物价上涨率之间的关系呈现出基本菲利普斯曲线所表明的同向变动关系。这是因为在向社会主义市场经济体制过渡中，市场机制开始发挥作用。经济增长率与物价上涨率二者之间的同向变动，反映了市场经济条件下物价随市场供求变化而变动的基本特征。但是，在这一基本特征之上，菲利普斯曲线又发生了陡峭型变形。特别是在1987—1990年、1991—1996年这两轮经济周期中，当现实经济增长率偏离潜在经济增长率而上升到波峰，并开始回落时，也就是当“产出–物价”曲线向右移动达到顶端而开始转折时，物价上涨率却滞后一年或两年达到波峰，且十分陡峭。为什么物价上涨率的波峰滞后于现实经济增长率的波峰？为什么物价上涨率的波峰又如此陡峭？总体来说，这是对物价上涨的各种因素共同作用的综合结果。主要有以下这些因素：

其一，现实经济增长率对潜在经济增长率的偏离。

从现实经济增长率对潜在经济增长率偏离的上升，到商品零售价格的上涨，这中间有着内在传导过程。这一传导过程是通过两种机制实现的。第一种机制：在需求的强扩张下（表现为货币的扩张、投资需求和消费需求的扩张），现实经济增长率超越其潜在经济增长率而上升，在能源、交通运输、主要原材料等瓶颈制约逐步加强的情况下，首先带动生产资料价格的上涨。现实经济增长率领先达到波峰，然后回落。其一开始的回落，幅度较小。这时，生产资料价格上涨率滞后达到波峰，并通过物质成本推动，传导到生活资料（消费资料）价格上。生活资料价格上涨率波峰的出现又滞后于生产资料价格上涨率的波峰。而商品零售价格上涨率的波峰则与生活资料价格上涨率的波峰同时出现。这一传导过程，在1990—1996年期间表现得十分明显而典型。图4–11共有4个波峰。峰1是现实经济增长率（GDP增长率）的波峰，领先出现于1992年；峰2是生产资料工业品出厂价格上涨率的波峰，于1993年滞后出现；峰3是生活资料工业品出厂价格上涨率的波峰，再于1994年滞后出现；峰4是商品零售价格上涨率的波峰，与峰3同时出现。

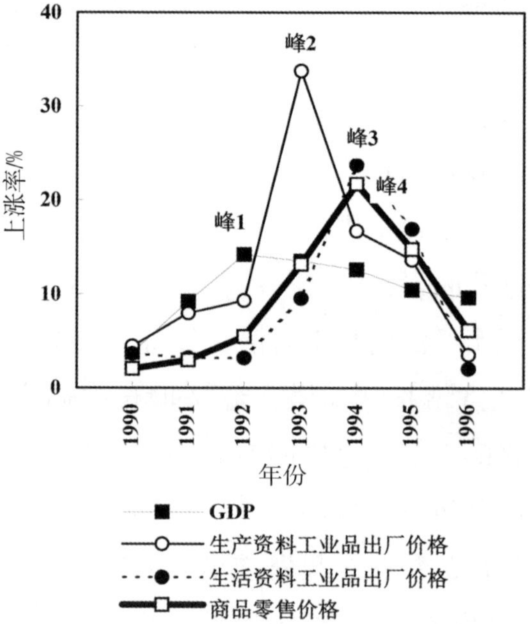

图4-11　需求强扩张机制下的偏离传导过程

第二种机制：现实经济增长率的上升带动职工工资的上升。现实经济增长率领先达到波峰，职工工资滞后达到波峰。职工工资的上升具有双重作用：一方面，对生产企业来说，使其产品的劳动成本提高；另一方面，对劳动者来说，使其收入提高，并引致消费需求的增加。因此，职工工资的上升，一方面通过劳动成本推动，另一方面通过消费需求拉动，传导到商品零售价格上。商品零售价格上涨率的波峰则与职工工资增长率的波峰同时出现。图4-12表明了1981—1996年期间的这一传导过程。图中，现实经济增长率共有*A*、*B*、*C* 3次波峰（1984年、1987年、1992年），分别对应着职工工资总额增长率的3次滞后波峰*A*′、*B*′、*C*′（1985年、1988

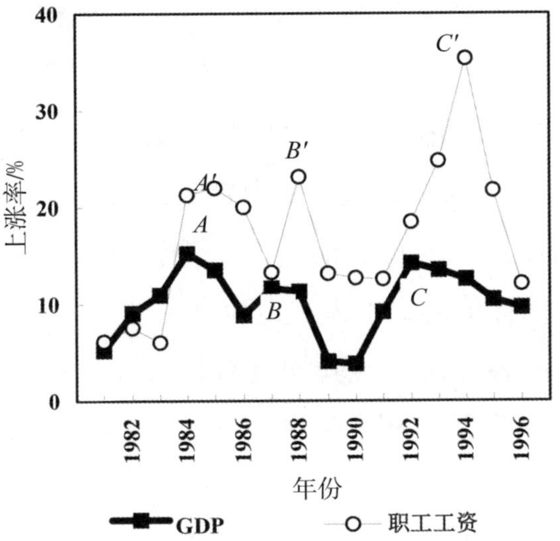

图4-12　职工工资上升机制下的偏离传导过程

年、1994年）。这表明，在我国，对物价上涨的需求拉动与成本推动是交织在一起的。

为将现实经济增长率对潜在经济增长率的偏离与物价上涨率之间的滞后关系作出定量分析，现以1982—1986年、1987—1990年、1991—1996年这三轮经济周期为样本区间，得出回归模型（1）：

$$P_t = 7.587 + 1.196\,(y_{t-1} - y^*) \qquad (1)$$

（1.537）（0.461）

（4.938）（2.594）

$R^2 = 0.34$（校正值：0.29），$F = 6.726$，$sey = 5.706$，$df = 13$

样本区间：1982—1996年

模型中，下标t代表年份；p_t为t年商品零售价格上涨率；y_{t-1}为$t-1$年现实经济增长率，y^*为潜在经济增长率，（$y_{t-1}-y^*$）为$t-1$年现实经济增长率对潜在经济增长率的偏离；各项参数估计值下面括号内的数据，上行为其标准差，下行为其t统计量的估计值；R^2为判定系数，其括号内的数据为考虑自由度后R^2的校正值；F为F统计量的估计值；sey为物价上涨率估计值的标准差；df为自由度。

该模型的各种统计检验均具有显著性。一者，模型的拟合优度——判定系数R^2为0.34，据此，相关系数r为0.584。在置信概率95%、自由度（2，13）时，查表得相关系数的临界值（r^*）为0.514。$r > r^*$，说明该模型具有使用意义。二者，（$y_{t-1}-y^*$）项和截距项的参数估计值，根据t检验，分别在97.5%和99.5%的置信概率上具有有效性。三者，根据F检验，该模型的回归总显著性的置信概率为95%。

该模型通过了统计检验，表明现实经济增长率对潜在经济增长率的偏离与物价上涨率二者存在着滞后的正相关关系。$t-1$年现实经济增长率对潜在经济增长率的偏离每上升1个百分点，t年物价则上涨1.196个百分点。该模型说明，在我国，基本的“产出–物价”菲利普斯曲线关系存在。但是，由于判定系数R^2还较低，该模型对于物价上涨率的实际值与其平均值的总变差的解释能力只有34%，同时，物价上涨率估计值的标准差（5.706个百分点）还较大，这表明在基本的“产出–物价”菲利普斯曲线关系之上，还有其他因素对物价上涨起重要作用。

其二，物价上涨本身的滞后惯性。

上一年物价上涨对下一年物价上涨具有内在的滞后影

响，有两种解释。第一种是通货膨胀预期因素的作用。在现实经济增长率对潜在经济增长率的偏离连续上升，导致物价上涨率连续上升的情况下，生产者和消费者将会产生普遍的通胀预期。通胀预期对推动物价上涨有着重要作用。1988年和1994年的物价上涨率高峰，均对应着它们前期的连续数年的物价上涨。第二种是价格翘尾因素的作用。若上一年新涨价因素很高，则下一年翘尾因素亦高。[①][②]由此，以$t-1$年商品零售价格上涨率（P_{t-1}）作为一个新的解释变量，代表物价上涨本身的滞后惯性，加进模型（1）中，得出模型（2）：

$$P_t = 3.948 + 1.139\,(y_{t-1} - y^*) + 0.436\,P_{t-1} \quad (2)$$

（2.084）（0.402）　　　　（0.191）

（1.895）（2.832）　　　　（2.277）

$R^2 = 0.54$（校正值：0.46），$F = 7.038$，$sey = 4.963$，$df = 12$

样本区间：1982—1996年

模型（2）更好地通过了各种统计检验。根据该模型，在两个解释变量的作用下，$t-1$年现实经济增长率对潜在经济增长率的偏离每上升1个百分点，t年物价则上涨1.139个百分点；$t-1$年物价每上涨1个百分点，t年物价则上涨0.436个百分点。然而，该模型的判定系数R^2仍偏低，物价上涨率估计值

① 刘树成、周方、赵京兴：《析年环比价格指数中的翘尾因素》，《经济研究》，1996年第4期，第64–69页。

② 刘树成、周方、赵京兴：《物价上涨率中翘尾因素的计算与分析》，《数量经济技术经济研究》，1996年第6期，第32–34页。

的标准差亦偏大，说明仍有其他重要因素在影响物价上涨。

其三，有关改革措施的出台。

前两个因素解释了物价上涨为什么会滞后于经济增长。那么，为什么这一滞后又如此强烈？这是因为在物价上涨率的波峰年份，还有很强的外在冲击因素在产生影响。其中，最主要的外在冲击因素是价格改革措施和对物价上涨产生影响的其他改革措施的出台，这可以称为有关价格改革等政策因素。定量分析政策因素的作用，一种常用的方法就是在回归模型中加进虚拟变量。为此，以D_t^1代表对物价上涨产生影响的有关价格改革等政策因素。设在物价上涨率极高的两个波峰年份1988年和1994年，D_t^1为1，其他年份则为0。考虑到在一些年份，政府为抑制通货膨胀，除采取了控制需求、适当降低经济增长率的措施外，还采取了其他各种有关的政策措施，使物价上涨率明显下降，为此，以D_t^2代表对物价上涨起到抑制作用的有关政策因素。设在物价上涨率明显下降的1990年和1996年，D_t^2为1，其他年份则为0。这样，得出模型（3）：

$$P_t = 3.056 + 0.583\ (y_{t-1} - y^*) + 0.559\ P_{t-1} + 9.563\ D_t^1 - 6.758\ D_t^2 \qquad (3)$$

（1.185）（0.261）（0.128）　（2.221）　（2.736）

（2.578）（2.237）（4.365）　（4.305）　（2.470）

R^2 =0.88（校正值：0.83），F= 18.065，sey = 2.794，df = 10

样本区间：1982—1996年

模型（3）能更好地满足各种统计检验。根据该模型可以得出，在物价上涨率的波峰年份1988年和1994年，有关价格改革等政策因素一项（D_t^1），使物价上涨9.563个百分点，其作用强度很大。在物价上涨率得到有效抑制的1990年和1996年，有关抑制通货膨胀政策一项（D_t^2），其符号为负，使物价下降6.758个百分点，其作用强度亦很大。

在我国，有关价格改革措施的出台对物价上涨起着直接作用。而我国价格改革措施又主要体现在农副产品收购价格的提高上。农副产品收购价格的涨跌，可以在很大程度上反映出价格改革政策因素的作用强度。为此，以当年农副产品收购价格上涨率（以a_t表示）为解释变量，代替模型（3）中的政策虚拟变量（D_t^1和D_t^2），再得出模型（4）：

$$P_t = 2.064 + 0.258\ (y_{t-1} - y^*) + 0.195\ P_{t-1} + 0.470\ a_t \qquad (4)$$

（1.188）（0.273）　　（0.114）　（0.087）

（1.737）（0.945）　　（1.711）　（5.402）

$R^2 = 0.88$（校正值：0.84），F=25.561，sey = 2.707，df = 11

样本区间：1982—1996年

模型（4）的拟合优度——判定系数R^2为0.88，与模型（3）相同，说明这两个模型的解释能力是相同的。这表明，对物价涨落产生重要影响的价格改革政策因素的作用，主要是通过农副产品收购价格的涨跌来传导的。计算得知，农副产品收购价格上涨率与商品零售价格上涨率二者的相关系数高达0.914。根据t检验，模型（4）中，农副产品收购价格上涨率一项（a_t）的参数估计值，其置信概率很高，为

99.5%，但截距项和P_{t-1}项参数估计值的置信概率降为90%，而（$y_{t-1}-y^*$）一项的参数估计值不能通过统计显著性检验。这是因为，农副产品收购价格上涨率与上年现实经济增长率对潜在经济增长率的偏离存在着线性相关关系（二者的相关系数为0.578），农副产品收购价格上涨率与上年物价上涨本身的滞后惯性亦存在着线性相关关系（二者的相关系数为0.356）。不过，这正说明，农副产品收购价格的提高，虽然是一种价格改革的政策行为，但它也是前期经济增长所产生的需求拉动与前期商品零售价格，特别是农业生产资料价格上涨所产生的成本推动的内在结果。从经济计量模型角度说，为表达有关价格改革等政策因素的作用，还是使用模型（3）较好。

其四，粮食丰歉。

在我国，农业生产的状况，特别是粮食的丰歉，对物价涨落亦起着重要作用。物价上涨率的波峰年，均对应着粮食的减产年。物价涨落与粮食丰歉呈现出负相关关系。为此，在模型（3）的基础上，再加进粮食产量增长率这一新的解释变量（以g_t表示），得出模型（5）：

$$P_t = 3.774 + 0.463\ (y_{t-1}-y^*) + 0.596\ P_{t-1} + 8.185D_t^1 - 6.365\ D_t^2 - 0.273\ g_t \qquad (5)$$

（1.228）（0.261）（0.124）（2.310）（2.609）（0.188）

（3.074）（1.778）（4.802）（3.543）（2.439）（1.455）

$R^2 = 0.90$（校正值：0.85），$F=16.488$，$sey = 2.650$，$df = 9$

样本区间：1982—1996年

模型（5）的拟合优度——判定系数R^2上升到0.90，该模型对物价上涨率的实际值与其平均值的总变差的解释能力提高到90%。根据t检验，各项参数估计值的置信概率，P_{t-1}和D_t^1两项为99.5%，截距项为99%，D_t^2项为97.5%，粮食产量增长率一项g_t为90%。这表明，粮食产量增长率对物价上涨率的直接影响并不大。粮食产量增长率与物价上涨率二者的相关系数为-0.487。在置信概率95%、自由度（2，13）时，查表得相关系数的临界值r^*为0.514，$r < r^*$，这说明粮食产量增长率与物价上涨率虽存在一定的负相关，但相关较弱。实践表明，在我国目前情况下，对物价上涨起到推动作用的粮食因素，主要不在于粮食总量的增减，而在于粮食的品种结构与地区产量差异，但这在模型（5）中不易反映出来。

其五，利润推动等乱涨价因素。

在我国目前体制转轨期，市场秩序还不规范。一些利润推动下的乱涨价和乱收费，一般说来，需要以经济快速扩张下的需求拉动为其实现的基础。从经济计量模型角度来讲，不易再添加一个独立的解释变量。这一因素的作用可以通过模型的随机残差项表现出来。

现利用模型（5），对物价上涨率的两个波峰年份（1988年和1994年）和两个明显下降年份（1990年和1996年）进行综合的定量分析。

在物价上涨率的波峰年份1988年，物价上涨率的实际值为18.5%，由该模型得出的估计值为18.1%，二者极为接近，仅差0.4个百分点。根据该模型的计算得出：一者，1987年现实经济增长率对潜在经济增长率的偏离一项$y_{t-1}-y^*$，推动1988年物价上涨1.2个百分点，占整个物价上涨率（估计值，下同）的6%；二者，1987年物价上涨本身的滞后惯性一项P_{t-1}，推动1988年的物价上涨4.4个百分点，占整个物价上涨率的24%；三者，1988年有关价格改革等政策因素一项D_t^1，推动物价上涨8.2个百分点，占整个物价上涨率的45%；四者，粮食产量增长率一项g_t，1988年粮食减产，推动物价上涨0.6个百分点，占整个物价上涨率的3%。

在物价上涨率的波峰年份1994年，物价上涨率的实际值为21.7%，由该模型得出的估计值为22.1%，二者亦极为接近，仅差0.4个百分点。根据该模型的计算得出：一者，1993年现实经济增长率对潜在经济增长率的偏离一项 ，推动1994年物价上涨1.6个百分点，占整个物价上涨率的7%；二者，1993年物价上涨本身的滞后惯性一项，推动1994年的物价上涨7.9个百分点，占整个物价上涨率的36%；三者，1994年有关价格改革等政策因素一项，推动物价上涨8.2个百分点，占整个物价上涨率的37%；四者，粮食产量增长率一项，1994年粮食减产，推动物价上涨0.7个百分点，占整个物价上涨率的3%。

定量分析表明，在我国物价上涨率的波峰年份，对物价上涨起到第一位推动作用的，是有关价格改革等政策因素；起到第二位推动作用的，是上年物价上涨本身的滞后惯性；而这个滞后惯性又是由前几年需求的强扩张、现实经济增长率对潜在经济增长率偏离的连续上升引起的。这些因素共同构成了基本的“产出–物价”菲利普斯曲线在我国经济周期波动的波峰转折点发生陡峭型变形的重要原因。

在物价上涨率得到有效抑制的1990年，物价上涨率的实际值为2.1%，由该模型得出的估计值为3.1%，相差1个百分点。根据该模型的计算得出：一者，1989年现实经济增长率对潜在经济增长率的偏离一项，使1990年物价下降2.3个百分点；二者，1989年物价上涨本身的滞后惯性很强，该项则使1990年物价上升10.6个百分点；三者，1990年有关抑制通货膨胀政策一项，使物价下降6.4个百分点；四者，粮食产量增长率一项，1990年粮食丰产，使物价下降2.6个百分点。该模型表明，在1990年，上年物价上涨本身的滞后惯性加上模型的截距项，共产生物价上涨压力14.4个百分点，而有关抑制通货膨胀政策的作用则抵消了这个物价上涨压力的44%，现实经济增长率对潜在经济增长率偏离的下降抵消了这个物价上涨压力的16%，粮食丰产抵消了这个物价上涨压力的18%。

在物价上涨率得到有效抑制的1996年，物价上涨率的实际值为6.1%，由该模型得出的估计值为5.1%，亦相差1个百分点。根据该模型的计算得出：一者，1995年现实经济增长率对潜在经济增长率的偏离一项，使1996年物价上升0.2个百分点；二者，1995年物价上涨本身的滞后惯性亦很强，该项则使1996年物价上升8.8个百分点；三者，1996年有关抑制通货膨胀政策一项，则使物价下降6.4个百分点；四者，1996年粮食丰产使物价下降1.4个百分点。该模型表明，在1996年，使物价上涨的合力（包括上年现实经济增长率对潜在经济增长率的偏离一项、上年物价上涨本身的滞后惯性一项、截距项）共12.8个百分点，而有关抑制通货膨胀政策的作用则抵消了这个物价上涨合力的50%，粮食丰产抵消了这个物价上涨合力的11%。

定量分析表明，在我国经济周期波动的波谷年份，有关抑制通货膨胀的政策起到了重要作用；同时，在现实经济增长率对潜在经济增长率的偏离已连续回落的情况下，需求扩张受到抑制，能源、交通运输、主要原材料等瓶颈制约缓解，也减轻了物价上涨的压力。这些因素共同作用的结果，使物价上涨率明显下降。这也解释了基本的“产出–物价”菲利普斯曲线在我国经济周期波动的波谷年份为什么又会出现陡峭型下降。

基本的“产出–物价”菲利普斯曲线的陡峭型变形，反映出我国作为一个发展中国家，特别是作为一个正在进行经济体制改革、向社会主义市场经济过渡中的国家所具有的特点。

（三）政策含义

就改革开放之后我国经济增长率与物价上涨率之间的变动关系来说，通过上述分析，我们得出以下认识：在我国目前条件下，在经济周期波动中，不是简单地存在与不存在菲利普斯曲线的问题，而是既要看到其存在，又要看到其陡峭型变形的特点。从宏观调控角度讲，“看到其存在”，就要求我们在经济波动的上升期，适度控制总需求、适度控制经济增长率，以防止通货膨胀的加剧；在经济波动的回落期，为了抑制通货膨胀，就需要适度压缩总需求、适度降低经济增长率。“看到其陡峭型变形的特点”，就要求我们在适度调控总需求和经济增长率的同时，针对引起物价上涨的各种不同因素，采取相应的不同措施，实行综合预防与治理的对策。

承认菲利普斯曲线的存在，把握经济增长率与物价上涨率二者在经济周期波动中一定的对应变动关系，并不等于肯定凯恩斯主义者把这一客观存在的对应变动关系偷换成主观随意的政策替代关系，用主动推行通货膨胀去换取一时的经济增长。凯恩斯主义者的通货膨胀刺激政策，实际上是对菲利普斯曲线的误用。同时，简单地否定菲利普斯曲线的存在，笼统地说经济增长率与物价上涨率二者无关，也是不对的。因为这会造成一个漏洞：既然二者无关，那么就可以任意提高经济增长率，而不必去顾及通货膨胀。实际上，国内外有些研究者在使用有关数据得出经济增长率与物价上涨率二者无关的结论时忽略了一点，即他们所使用的数据，表明的是经济增长率与物价上涨率二者的长期关系，或表明的是在一个中期内将二者各自平均计算后的关系，而不是表明二者在短期的经济周期波动中的关系①。

实现低通货膨胀下的经济快速增长，是各国政府的愿望。这里的关键在于：经济的快速增长不能连续地、过度地超越其潜在增长能力。就我国目前的情况而言，为了实现低通货膨胀下的经济快速增长，一方面是从需求面出发，要十分注重控制经济增长的峰位，防止连续和过度地“越线”，即由潜在经济增长能力所决定的适度增长线②；另一方面是

① 韩文秀：《经济增长与通货膨胀之间关系研究》，《管理世界》，1996年第6期，第30–39页。

② 刘国光、刘树成：《论“软着陆”》，《人民日报》，1997年1月7日。

从供给面出发，提高潜在经济增长能力，从根本上解决农业、能源、交通运输、主要原材料等瓶颈制约；再一方面，就是积极推进两个根本性转变——经济体制转变和经济增长方式转变，积极促进科技进步，不单纯追求过快的经济增长速度，而是追求增长的质量与效益，追求可持续的发展。

三、中国的“失业–物价”曲线

现在来考察我国经济周期波动中的“失业–物价”曲线。因缺乏改革开放之前有关失业的数据，故主要考察改革开放以来的情况。

（一）状态描述

图4–13、图4–14、图4–15分别给出了三轮经济周期波动中的“失业—物价”曲线。图中，横轴为城镇登记失业率。

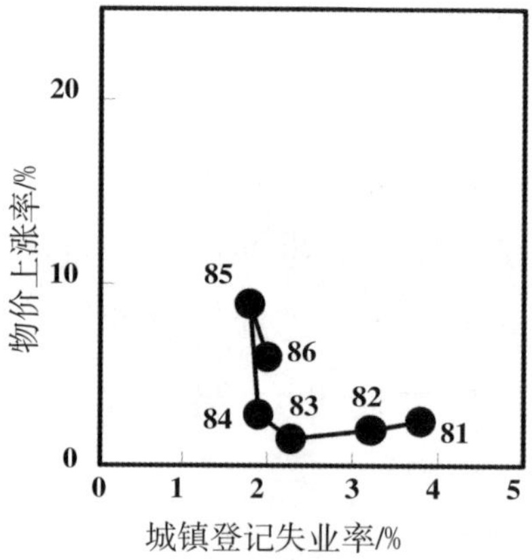

图4–13　1981—1986年“失业–物价”曲线

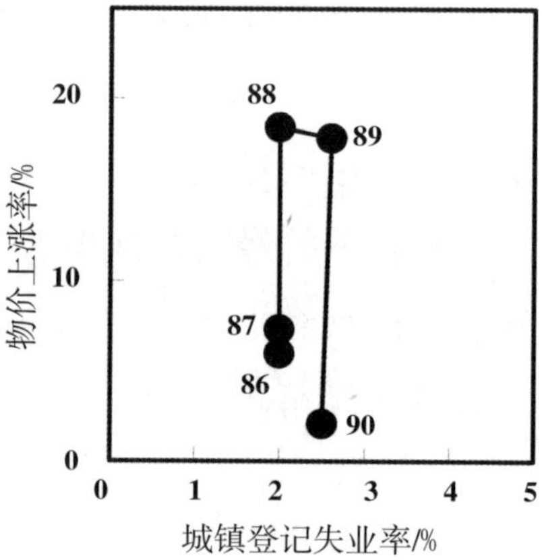

图4–14　1986—1990年“失业–物价”曲线

该指标目前还不能完全反映我国的失业情况，在这里，我们主要是把握其变动的大体趋势。纵轴仍为物价上涨率。图4-13是从1981年经济增长率的波谷出发、1982—1986年这一轮经济周期中的曲线。图4-14是从1986年经济增长率的波谷出发、1987—1990年这一轮经济周期中的曲线。图4-15是从1990年经济增长率的波谷出发、1991—1996年这一轮经济周期中的曲线。从这三个图可以看出，在后两轮经济周期中，“失业-物价”菲利普斯曲线亦呈现出陡峭型变形，甚至比图4-9、图4-10变形的“产出-物价”菲利普斯曲线更为陡峭和直立。

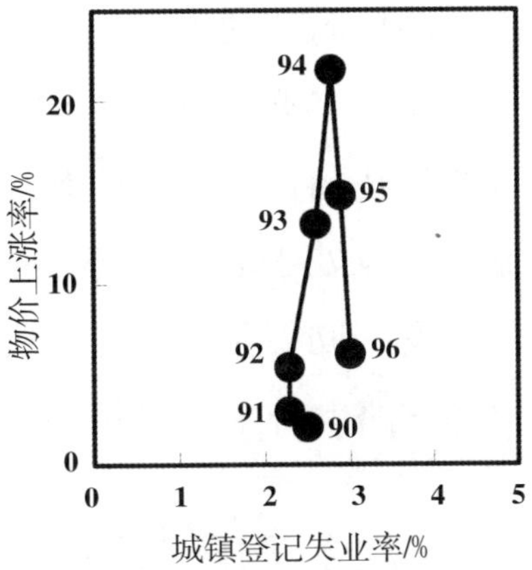

图4-15　1990—1996年“失业-物价”曲线

由图4-14看到，在反映经济增长率从波谷上升并处在高位的1986—1988年线段，物价上涨率在上升，失业率本应呈下降趋势，即这一线段本应向左上方倾斜，以表明失业率与物价上涨率二者的反向变动关系。但在这里，失业率却丝毫未变，使这一线段在2%失业率水平上呈直线状态。这说明，在我国经济波动的上升期，城镇失业率并不下降，而是保持不变，它与经济增长率、物价上涨率的变动均无关。1988年之后，经济增长率下降，物价上涨率随之下降，失业率呈上升趋势，曲线向右移动。这表明，在我国经济波动的回落期，城镇失业率上升，这才呈现出它与经济增长率、物价上涨率的反向变动关系。

图4–15亦表现出上述特点。在反映经济增长率从波谷上升并处在高位的1990—1994年线段，物价上涨率在上升，失业率本应处于下降趋势，但在1991年和1992年，失业率却丝毫未变，同处于2.3%的失业率水平上，而从1993年起，失业率却一路上升至1996年的3%，使曲线上的各点向右移动。

（二）原因分析

为什么在我国经济波动的上升期，城镇失业率并不下降？主要有以下三个因素：

其一，劳动力供给因素。在我国，当经济波动进入上升期后，同样会引起对劳动力需求的增加。这一增加，本应使城镇失业率下降。但是，从劳动力的供给方面来看，由于大量农村剩余劳动力涌入城镇，城镇自身的就业受到严重影响。同时，我国目前正值劳动年龄人口增长的高峰期，劳动力的供给超过了需求。

其二，劳动力需求因素。从劳动力的需求方面来看，在经济增长中，虽然对劳动力的需求在增加，从业人员不断增长，但从业人员的增长率却呈现出明显的下降趋势。这与科技进步有关。20世纪80年代以来，我国工业化向纵深发展。随着工业化进程加快和科技的进步，生产技术装备水平与有机构成水平不断提高，因此，同量产出所吸纳的劳动力会减少。80年代上半期，我国从业人员每年递增3.3%；而90年代上半期，仅递增1.2%。80年代上半期，经济增长率每上升1个百分点，可带动从业人员增长0.3个百分点；而90年代上半期，经济增长率每上升1个百分点，则只能带动从业人员增长0.1个百分点。经济增长引起从业人员增长的弹性下降了67%。

其三，国有企业改革与结构调整因素。国有企业改革的深化与产业结构、行业结构的调整，使企业的冗员减少，多余的职工下岗。

“失业–物价”菲利普斯曲线在我国的陡峭型变形，反映出我国作为一个发展中国家，特别是作为一个正在进行经济体制改革的国家以及作为一个人口大国所具有的特点。

（三）政策含义

以上分析表明，20世纪80年代中期以来，在我国经济波动的上升期，尽管经济增长率、物价上涨率在上升，但城镇失业率却不下降，而在经济波动的回落期，在经济增长率、物价上涨率回落的同时，城镇失业率上升。这就使我国城镇失业问题日益严重起来。当前，随着我国经济运行“软着陆”的成功，经济回落到适度增长区间，物价上涨率显著下降，失业问题更加突出。单纯靠刺激总需求、刺激经济增长的办法来解决城镇失业问题，效果是不会显著的，而且，有使物价上涨率强烈反弹的危险。国际上一些经济学家早已指明：政府的货币政策应付通常的通货膨胀可能有一定效果，应付失业则收效甚小，而应付大规模的失业则根本不能奏效。[①]解决我国城镇失业问题，也应像近几年来治理通货膨

① 霍华德·J.谢尔曼：《停滞膨胀》，商务印书馆1984年版，第46页。

胀一样，针对引起失业问题的各种不同因素，相应地采取不同措施，实行综合治理的对策。当然，解决失业问题比起解决通货膨胀问题，难度更大，所需要的时间也更长。

参考文献：

［1］国家统计局．中国统计年鉴1992［M］．北京：中国统计出版社，1992.

［2］国家统计局．中国统计年鉴1993［M］．北京：中国统计出版社，1993.

［3］国家统计局．中国统计年鉴1994［M］．北京：中国统计出版社，1994.

［4］国家统计局．中国统计年鉴1995［M］．北京：中国统计出版社，1995.

［5］国家统计局．中国统计年鉴1996［M］．北京：中国统计出版社，1996.

［6］国家统计局．中国统计年鉴1997［M］．北京：中国统计出版社，1997.

［7］韩文秀．经济增长与通货膨胀之间关系研究［J］．管理世界，1996（6）：30–39.

［8］刘国光，刘树成．论“软着陆”［N］．人民日报，1997–01–07.

［9］刘树成．中国经济的周期波动［M］．北京：中国经济出版社，1989.

［10］刘树成．中国经济周期波动的新阶段［M］．上海：上海远东出版社，1996.

［11］刘树成，周方，赵京兴. 析年环比价格指数中的翘尾因素［J］. 经济研究，1996（4）：64–69.

［12］刘树成，周方，赵京兴. 物价上涨率中翘尾因素的计算与分析［J］. 数量经济技术经济研究，1996（6）：32–34.

［13］［美］霍华德 · J. 谢尔曼. 停滞膨胀［M］. 厉以平，厉放，译，北京：商务印书馆，1984.

［14］左大培. 围绕着通货膨胀的“替换”作用的经济学论争［J］. 经济研究，1996（2）：3–14.

附录

论著名录

一 专著类

1. 《中国经济周期波动》，中国经济出版社，1989年。

2. 《中国经济周期波动的新阶段》，上海远东出版社，1996年。

3. 《繁荣与稳定——中国经济波动研究》，社会科学文献出版社，2000年。

4. 《经济周期与宏观调控——繁荣与稳定Ⅱ》，社会科学文献出版社，2005年。

5. 《中国经济增长与波动60年——繁荣与稳定Ⅲ》，社会科学文献出版社，2009年。

6. 《运行与调控——中国宏观经济研究》，中国社会科学出版社，2013年。

7. 《中华民族复兴的经济轨迹——繁荣与稳定Ⅳ》，社会科学文献出版社，2014年。

二 论文类

1. 《商品–货币平衡表及其数学模型》，《晋阳学刊》，1981年第6期。

2. 《投入产出扩展模型在社会再生产中的应用》，载《社会主义再生产、所有制、商品价值问题》，山东人民出版社，1982年2月。

3. 《投入产出扩展模型及其意义》，《经济研究参考资料》，1983年11月第185期。

4. 《宏观经济计量模型应用研究——若干重要参数的分析及调整》，《数量经济技术经济研究》，1984年第4期。

5. 《投入产出法在地区的推广应用》，载《投入产出法在中国的应用》，山西人民出版社，1984年9月。

6. 《经济数量关系研究三十年》（与乌家培合作），《经济研究》，1985年第6期。

7. 《从现实需要出发开展数量经济学发展史研究》，《数量经济技术经济研究》，1985年第10期。

8. 《我国固定资产投资周期性初探》，《经济研究》，1986年第2期。

9. 《对我国固定资产投资周期性的再探讨——周期内各阶段的分析》，《经济研究》，1986年第6期。

10. 《经济体制改革与经济预测》，载《经济预测论丛》，辽宁人民出版社，1986年7月。

11. 《对我国固定资产投资周期性的探讨之三——各周期的历史分析》，《数量经济技术经济研究》，1986年第9期。

12. 《匈牙利的经济改革及经济数学方法的研究与应用等有关情况》，《数量经济技术经济研究》，1986年第10期。

13. 《我国数量经济学发展的主要动向》，《数量经济技术经济研究》，1987年第2期。

14. 《我国国民经济核算体系的完善与改革——国民经济核算体系理论与方法讨论会纪实》，《数量经济技术经济研究》，1987年第4期。

15. 《中国工农业生产函数应用研究》，载《经济模型在国民经济中的作用》，经济科学出版社，1987年8月。

16. 《投资周期波动对经济周期波动的影响——对我国固定资产投资周期性的探讨之四》，《数量经济技术经济研究》，1987年第10期。

17. 《日本的经济计划、产业结构与高速增长——访日考察报告》，《数量经济技术经济研究》，1988年第7期。

18. 《中国经济周期波动研讨述评》，载《中国经济科学年鉴·1989》，经济管理出版社，1990年12月。

19. 《当前国内经济形势的特点》，《瞭望周刊·海外版》，1991年第7~8合期。

20. 《90年代我国经济增长速度的测算与分析》，载《1993年中国：经济形势分析与预测》，中国社会科学出版社，1992年12月。

21. 《中国经济发展：1993年特点、1994年走势及有关对策》，《经济研究》，1994年第2期。

22. 《经济周期·预测实践·企业对策》，载《1995年中国：经济形势分析与预测》，中国社会科学出版社，1994年12月。

23. 《西方企业在经济衰退期的对策》，《世界经济》，1995年第1期。

24. 《1996年经济走势预测：三岔路口及其政策选择》，《经济改革与发展》，1995年第10期。

25. 《一个极其温暖的"冬季"——1996年中国经济走势预测》，《环球企业家》，1996年第1期。

26.《1996年中国宏观经济预测与企业生产经营对策》，《学习与实践》，1996年第2期。

27.《中国经济的周期波动与1996年经济走势预测》，《解放日报》，1996年3月13日第10版。

28.《论中国经济周期波动的新阶段》，《经济研究》，1996年第11期。

29.《论“软着陆”》（与刘国光合作），《人民日报》，1997年1月7日第9版。

30.《和煦的“春季”——1997年中国经济走势预测》，《中国科技产业》，1997年第1期。

31.《不是孪生兄弟，但属同一家族》，《竞争与谋略》，1997年第5期。

32.《“春夏不热，秋冬不冷”的新态势》，《竞争与谋略》，1997年第6期。

33.《一根稻草压断了骆驼背》，《竞争与谋略》，1997年第7期。

34.《经济运行状况的“晴雨表”》，《竞争与谋略》，1997年第8期。

35.《经济周期：它还不是一条叭儿狗》，《竞争与谋略》，1997年第11期。

36.《论中国的菲利普斯曲线》，《管理世界》，1997年第6期。

37.《论适度从紧与结构调整下的经济周期波动》，载《1998年中国：经济形势分析与预测》，社会科学文献出版社，1997年11月。

38. 《国际经济变化中的东亚经济》，《开放导报》，1998年第5期。

39. 《以经济的稳健回升挤压泡沫》，《中国国情国力》，1998年第9期。

40. 《经济增长速度下滑的原因剖析》，《经济参考报》，1998年9月8日第4版。

41. 《论“东亚模式”的兴衰与中国经济跨世纪的增长》，《管理世界》，1998年第5期。

42. 《论中国经济增长的速度格局》，《经济研究》，1998年第10期。

43. 《论如何进一步启动经济》（与王洛林、刘溶沧合作），《财贸经济》，1999年第4期。

44. 《直接启动消费 促进经济发展》，《经济日报》，1999年6月10日第1版。

45. 《通货紧缩：既不能估计不足，亦不可估计过重》，《经济研究》，1999年第10期。

46. 《“软着陆”后经济运行的新特点及政策启示》，《光明日报》，1999年10月22日第6版。

47. 《我国2000年宏观经济调控主旋律：在发展中加快结构调整》，《经济日报》，1999年11月27日第B1版。

48. 《中国经济波动跨世纪的新态势》，载《21世纪中国经济问题专家谈》，河南人民出版社，1999年12月。

49. 《2000年中国经济走势分析——学习中央经济工作会议精神的体会》，《国家行政学院学报》，2000年第1期。

50. 《论中国经济增长与波动的新态势》，《中国社会科学》，2000年第1期。

51.《美国“新经济”——菲利普斯曲线的变形及其启示》，《新经济》，2000年第3期。

52.《“九五”重大变化与“十五”发展思路》，载《2001年中国：经济形势分析与预测》，社会科学文献出版社，2001年1月。

53.《俄罗斯经济发展的现状与前景》，《经济学动态》，2002年第8期。

54.《中国经济波动的新轨迹》，《经济研究》，2003年第3期。

55.《中国经济增长的新轨迹及其未来趋势》，载《中国经济前景分析——2003年春季报告》，社会科学文献出版社，2003年5月。

56.《努力延长经济周期的上升阶段》，《人民日报》，2003年12月18日第9版。

57.《新一轮经济周期的背景特点》，《经济研究》，2004年第3期。

58.《怎样把握当前的经济走势》，《光明日报》，2004年4月13日第B2版。

59.《当前要防止经济大起大落》，《中国信息报》，2004年4月26日第4版。

60.《我国五次宏观调控比较分析》，《经济学动态》，2004年第9期。

61.《牢记中外历史上大起大落的经验教训》，《天津师范大学学报（社会科学版）》，2004年第4期。

62.《论加强和改善宏观调控》，《人民日报》，2004年12月14日第9版。

63.《中国经济的周期波动与宏观调控》，载《2005年：中国经济形势分析与预测》，社会科学文献出版社，2004年12月。

64.《论中国宏观经济调控》，《经济与管理研究》，2005年第4期。

65.《把握宏观调控的来龙去脉》，载《中国经济前景分析——2005年春季报告》，社会科学文献出版社，2005年6月。

66.《中国经济冷热之争再起——2005年上半年经济形势分析》，《学术动态（北京）》，2005年第29期。

67.《实现经济周期波动在适度高位的平滑化》（与张晓晶、张平合作），《经济研究》，2005年第11期；《新华文摘》，2006年第4期。

68.《2006年中国经济发展的背景条件分析》，载《中国经济前景分析——2006年春季报告》，社会科学文献出版社，2006年4月。

69.《中国经济的增长与波动——站在新的历史起点上》，《理论与现代化》，2006年第4期。

70.《多次性微调：使经济增长率不"冒顶"》，《经济学动态》，2006年第10期。

71.《把握本轮周期中宏观调控的多阶段性特点》，载《2007年：中国经济形势分析与预测》，社会科学文献出版社，2006年12月。

72.《论又好又快发展》，《经济研究》，2007年第6期。

73.《继续延长本轮经济周期的适度高位运行——析中国经济周期波动的良性大变形》，《经济学动态》，2007年第8期。

74.《五年来宏观调控的历程和经验》，《人民日报》，2008年4月2日第7版。

75.《2007—2008年国内外经济走势分析》，载《中国经济前景分析——2008年春季报告》，社会科学文献出版社，2008年4月。

76.《2008—2009年国内外经济走势分析》，载《中国经济前景分析——2009年春季报告》，社会科学文献出版社，2009年4月。

77.《新中国经济增长60年曲线的回顾与展望—— 兼论新一轮经济周期》，《经济学动态》，2009年第10期。

78.《新一轮经济周期分析》，载《中国经济前景分析——2010年春季报告》，社会科学文献出版社，2010年4月。

79.《2010年我国经济发展面临的国内外环境条件》，《经济学动态》，2010年第3期。

80.《2010年中国经济走势特点与“十二五”时期经济增速分析》，载《2011年中国经济形势分析与预测》，社会科学文献出版社，2010年12月。

81.《深刻把握经济运行态势和宏观调控新变化》，《人民日报》，2011年1月10日第7版。

82. 《我国“十二五”时期发展面临的国内外环境》，《人民日报》，2011年3月25日第7版。

83. 《2011年和“十二五”时期中国经济增长与波动分析》，《经济学动态》，2011年第7期。

84. 《不可忽视GDP——当前中国经济走势分析》，《经济学动态》，2012年第7期。

85. 《立足发展阶段，把握经济走势》，《人民日报》，2012年7月16日第7版。

86. 《未来五年我国潜在经济增长率分析》，《经济日报》，2012年10月29日第16版。

87. 《中国特色政治经济学的基础建设——〈马克思主义政治经济学概论〉编写原则》，《经济研究》，2012年第10期。

88. 《当前和未来五年中国宏观经济走势分析》，《中国流通经济》，2013年第1期。

89. 《巩固和发展经济适度回升的良好态势——2013—2017年中国经济走势分析》，《经济学动态》，2013年第3期。

90. 《实现居民人均收入翻番的难度和对策分析》，《宏观经济研究》，2013年第3期。

91. 《论新一轮改革的突破口》，《财贸经济》，2013年第6期。

92. 《激活市场环境　促进经济回升》，《中国经济时报》，2013年7月11日第6版。

93. 《中国经济增长由高速转入中高速》，《经济学动态》，2013年第10期。

94. 《我国经济进入中高速增长阶段》，《人民日 报》，2013年10月14日第7版。

95. 《对经济运行下限的第三个冲击波——2014年中国经济走势分析》，《经济学动态》，2014年第4期。

96. 《2014年：中国经济增长预期目标不变》，载《2014年中国经济前景分析春季报告》，社会科学文献出版社，2014年5月。

97. 《改革宏观调控方式与把握合理区间中线》，《财贸经济》，2014年第7期。

98. 《构建中国经济发展新棋局——当前和中长期经济走势分析及政策建议》，《经济学动态》，2014年第10期。

99. 《防止经济增速一路下行——2015—2020年中国经济走势分析》，《经济学动态》，2015年第3期。

100. 《我国有阻止经济下行的足够力量》，《人民日报》，2015年3月25日第7版。

101. 《"十三五"时期我国宏观经济波动态势分析》，《宏观经济研究》，2015年第8期。

102. 《民间投资增速严重下滑与宏观经济波动》，《中国工业经济》，2016年第11期。

103. 《〈美国总统经济报告〉法制化研究》，《经济学动态》，2017年第3期。

104. 《〈美国总统经济报告〉法制化研究之二——兼对"中国应取消GDP增长目标"意见的回应》，《经济学动态》，2018年第5期。